CONSERVADORISMO

ROGER SCRUTON

CONSERVADORISMO

UM CONVITE À GRANDE TRADIÇÃO

Tradução de
ALESSANDRA BONRRUQUER

11ª edição

EDITORA RECORD
RIO DE JANEIRO • SÃO PAULO
2024

CIP-BRASIL. CATALOGAÇÃO NA PUBLICAÇÃO
SINDICATO NACIONAL DOS EDITORES DE LIVROS, RJ

S441c
11ª ed.

Scruton, Roger
Conservadorismo: um convite à grande tradição / Roger Scruton; tradução de Alessandra Bonrruquer. – 11ª ed. – Rio de Janeiro: Record, 2024.

Tradução de: Conservatism
Inclui bibliografia e índice
ISBN 978-85-01-11451-8

1. Ciência política – Filosofia. 2. Conservantismo. I. Bonrruquer, Alessandra. II. Título.

19-56130

CDD: 320.52
CDU: 329.11

Vanessa Mafra Xavier Salgado – Bibliotecária – CRB-7/6644

Copyright © Horsell's Morsels Ltd

Título original em inglês: Conservatism

Todos os direitos reservados. Proibida a reprodução, armazenamento ou transmissão de partes deste livro, através de quaisquer meios, sem prévia autorização por escrito.

Texto revisado segundo o Acordo Ortográfico da Língua Portuguesa de 1990.

Direitos exclusivos de publicação em língua portuguesa para o Brasil adquiridos pela
EDITORA RECORD LTDA.
Rua Argentina, 171 – 20921-380 – Rio de Janeiro, RJ – Tel.: (21) 2585-2000, que se reserva a propriedade literária desta tradução.

Impresso no Brasil

ISBN 978-85-01-11451-8

Seja um leitor preferencial Record.
Cadastre-se no site www.record.com.br
e receba informações sobre nossos lançamentos e nossas promoções.

Atendimento e venda direta ao leitor:
sac@record.com.br

Sumário

Prefácio · 7

1. Pré-história · 9

2. O nascimento do conservadorismo político · 29

3. O conservadorismo na Alemanha e na França · 47

4. Conservadorismo cultural · 67

5. O impacto do socialismo · 89

6. Conservadorismo hoje · 111

Leitura complementar e bibliografia · 137

Índice · 143

Prefácio

Ser conservador é uma maneira distinta de ser humano, e em todas as esferas da vida o temperamento conservador se afirmou: arte, música, literatura, ciência e religião. Minha preocupação neste livro é a filosofia política, e não a prática política, que atraiu o rótulo de "conservadora". Assim entendido, o conservadorismo é uma rica fonte de reflexão sobre a ordem política, e o objetivo deste livro é mostrar a coerência da visão conservadora e como ela pode ser defendida. Quer os leitores concordem ou não com a política, tenho esperança de que reconheçam que as ideias conservadoras são intrinsecamente interessantes e parte necessária de nossa tentativa de compreender quem somos, onde estamos e por quê.

Embora a atitude conservadora seja instintiva, o conservadorismo como filosofia política é um fenômeno recente, surgido durante o curso de três grandes revoluções — a Revolução Gloriosa de 1688, a Revolução Americana que terminou em 1783 e a Revolução Francesa de 1789. Essa história marcou todos os movimentos conservadores subsequentes e explica parcialmente por que é amplamente no mundo de língua inglesa que a palavra "conservador" é usada por políticos e partidos para recomendar aquilo que defendem. Em outros cantos do mundo, o termo é mais frequentemente um insulto. Entender por que isso acontece é entender parte da diferença entre as políticas anglo-americana e europeia. Ao mesmo tempo, o conservadorismo tem sido uma força real na Europa continental, tanto quanto na anglosfera, e eu incluí aqui pensadores da França, Áustria, Alemanha e Espanha a fim de demonstrar a envergadura e a complexidade da tradição intelectual conservadora, que tem sido parte da civilização ocidental nos tempos modernos.

Por necessidade, limitei-me a argumentos e ideias. O conservadorismo, como força intelectual e espiritual, encontrou expressão tanto na arte, na poesia e na música quanto na discussão filosófica. Os maiores pensadores conservadores devotaram muita atenção à natureza da arte e às mensagens nela contidas. A primeira grande publicação de Burke foi um influente tratado sobre o sublime e o belo, os *Cursos de estética* de Hegel são o ponto alto de sua contribuição para o pensamento do século XIX, e muitos dos "conservadores culturais" cujos pensamentos sumarizo foram também grandes artistas em verso e prosa: Chateaubriand, por exemplo, além de Coleridge, Ruskin e Eliot. Aqueles que desejam compreender integralmente o que estava em jogo na discussão austríaca sobre a ordem espontânea não deveriam olhar apenas para os textos de Hayek e sua escola. Tão relevantes quanto, à sua própria maneira, são as sinfonias de Mahler, os poemas de Rilke e as óperas de Hofmannsthal e Strauss. Menciono esses temas aqui e ali, mas seu tratamento adequado pertence a outro livro.

Como sempre, devo muito a Bob Grant, de cujo insight e erudição dependi em todos os momentos.

1.

Pré-história

O conservadorismo moderno é produto do Iluminismo. Mas invoca aspectos da condição humana que podem ser testemunhados em todas as civilizações e em todos os períodos da história. Além disso, é herdeiro de um legado filosófico ao menos tão antigo quanto os gregos. Em *Política*, Aristóteles defende o governo constitucional em termos que permanecem tão influentes entre os pensadores conservadores de hoje quanto o eram no mundo antigo. De fato, a maioria das ideias fornecidas pelos conservadores modernos foi prenunciada em sua grande obra. Mas elas foram adaptadas a uma situação que o próprio Aristóteles não poderia ter previsto, qual seja, a emergência do Estado-nação, a perda de uma religião unificadora e o crescimento da "grande sociedade", composta de milhões de estranhos cooperando sob um único estado de direito.

É um erro comum entre os historiadores do intelecto presumir que as ideias possuem uma história autônoma própria e que uma ideia dá origem a outra, mais ou menos como um sistema climático dá origem ao seguinte. Os marxistas, que veem as ideias como subproduto das forças econômicas, cometem o erro oposto, afirmando que a vida intelectual é totalmente subserviente às causas materiais. A vasta e destrutiva influência da teoria marxista é uma clara refutação dessa afirmação. Como disse o conservador americano Richard Weaver no título de seu famoso e influente livro, *As ideias têm consequências* (1948), e isso é verdade tanto para as ideias conservadoras quanto para as propagadas pela esquerda. Para entender a pré-história do conservadorismo, portanto, é preciso aceitar que as ideias possuem ampla influência sobre os assuntos humanos, mas também reconhecer que não surgem apenas de outras ideias e frequentemente possuem raízes em condições biológicas, sociais e políticas mais profundas que o argumento racional.

Nós, seres humanos, vivemos naturalmente em comunidades, unidos por laços de confiança mútua. Precisamos de uma casa partilhada, um lugar seguro no qual nossa ocupação permaneça indisputada e possamos pedir a ajuda de outros em caso de ameaça. Precisamos de paz com nossos vizinhos e procedimentos que a assegurem. E precisamos do amor e da proteção fornecidos pela vida familiar. Revisar a condição humana em qualquer um desses aspectos é violar imperativos enraizados na biologia e nas necessidades da reprodução social. Mas conduzir um argumento político como se esses fatores estivessem longe demais do reino das ideias para merecer menção é ignorar todos os limites que devemos ter em mente se quisermos que nossa filosofia política seja remotamente plausível. É precisamente o caráter das utopias modernas ignorar esses limites — imaginar sociedades sem lei (Marx e Engels), sem famílias (Laing), sem fronteiras ou defesas (Sartre).[1] E muita tinta conservadora foi desperdiçada (por mim, entre outros) na refutação

---

[1] Friedrich Engels, *Anti-Dühring*, parte 3, capítulo 2, sobre a "extinção do Estado" [edição brasileira: *Anti-Dühring*. Rio de Janeiro: Paz e Terra, 1976]; R. D. Laing, *The Politics of the Family*, Londres, 1971, condenando a "família burguesa" como fonte da doença mental coletiva [*A política da família*. São Paulo, Martins Fontes, s.d.]; J.-P. Sartre, *Between Existentialism and Marxism*, traduzido por J. Matthews, Londres, 1974, argumentando que todas as fronteiras se dissolverão após a revolução "totalizante", quando nações, classes e fronteiras serão substituídas pelo *"groupe en fusion"* constantemente em evolução.

de tais visões, adotadas somente por pessoas incapazes de perceber a realidade e que, consequentemente, jamais serão persuadidas por argumentos.

Comecemos, portanto, por listar algumas das características da condição humana que definem os limites do pensamento político e que, de acordo com a maioria dos conservadores, recebem a devida proeminência em sua filosofia. A primeira dessas características é o pertencimento social. Os seres humanos vivem em comunidades e dependem delas para sua segurança e felicidade. Em uma sociedade tribal, as pessoas se relacionam umas com as outras através do parentesco (que pode ser parcialmente mítico); em uma sociedade religiosa, o pertencimento é determinado pelo ritual e pela fé; em uma sociedade política, as relações sociais são governadas pela lei e, no Estado secular moderno, a lei é criada pelos cidadãos, usualmente através de representantes eleitos, e imposta por uma autoridade soberana. Essas três formas de sociedade — tribal, religiosa e política — podem ser encontradas no mundo de hoje, embora tenha sido a emergência da ordem política a inspiração original para o conservadorismo moderno. Em uma leitura dos eventos, aliás, o conservadorismo surgiu como tentativa de manter os valores do parentesco e da religião em comunidades que estavam sendo reorganizadas por uma lei puramente política.

O pertencimento social caminha de mãos dadas com a ligação individual. Os seres humanos começam a vida ligados à mãe e à família que os abrigam e nutrem. Conforme avançam em direção à idade adulta, os laços se afrouxam e se expandem. O jovem precisa menos da mãe e da família, mas mais de amigos e de cooperação. Durante o curso da vida, costumes, lugares, redes, instituições e maneiras partilhadas de ser amplificam nossas ligações e criam a sensação de que estamos em casa no mundo, em meio a coisas familiares e confiáveis. Essa sensação nos é preciosa e sua perda causa ansiedade e luto. O mais importante impulso para o pensamento conservador é o desejo de sustentar as redes de familiaridade e confiança das quais a comunidade depende para sua longevidade. O conservadorismo é o que diz seu nome: a tentativa de conservar a comunidade que temos — não em todas as suas particularidades, uma vez que, como afirmou Edmund Burke, "precisamos reformar a fim de conservar", mas em todos os aspectos que asseguram a sobrevivência de longo prazo de nossa comunidade.

Mas os seres humanos não cooperam apenas. Eles também competem e, portanto, é uma necessidade primária assegurar que essa competição seja pacífica e que os conflitos possam ser solucionados. Quase todas as utopias criadas por escritores modernos são baseadas na hipótese de que os seres humanos podem existir em arranjos nos quais a cooperação por si só liga as pessoas a seus vizinhos, com o elemento de competição tendo sido eliminado. E é por isso que não são plausíveis — sejam puramente arranjos abstratos de números, como o "comunismo integral" previsto por Marx e Engels em *A ideologia alemã* (1845), sejam reinos encantados sentimentais como a Inglaterra neogótica de William Morris em *Notícias de lugar nenhum* (1890). A competição é fundamental para nossa natureza, sendo tanto nossa maneira de solucionar problemas quanto a mais importante causa humana para eles. O parentesco modera a competição, substituindo "eu" por "nós" em todas as disputas que podem terminar em violência. Mas também cria rivalidade entre famílias, como os Montéquio e os Capuleto, e entre tribos, como aquelas unificadas por Maomé com a descoberta de uma religião que exigia "submissão" e, consequentemente, "paz". Aquela "paz" religiosa, por sua vez, significava guerra contra hereges e infiéis.

No mundo moderno do Iluminismo, as velhas formas de pertencimento social haviam levado a uma série de guerras religiosas. As pessoas procuravam novas maneiras de implantar a reconciliação no coração da ordem social, e o governo secular sob um estado de direito parecia ser a melhor esperança para o futuro, uma vez que prometia colocar a razão, e não a paixão, no comando. O Iluminismo inspirou o reconhecimento coletivo de que os seres humanos discordavam sobre ficções e de que estava na hora de concordarem sobre realidades.

Na pré-história do pensamento conservador, quando Aristóteles era o mestre supremo, era comum segui-lo na ênfase da razão como traço distintivo da condição humana. Ao exercitar nossa razão, temos uma maneira única de resolver conflitos e superar obstáculos. Mas já estava aparente para Aristóteles, e foi explicitado por estudos modernos sobre decisões coletivas, que, quando um grupo de pessoas aplica a razão a um problema compartilhado, ainda assim uma solução razoável pode não emergir — em outras palavras, racional e razoável podem divergir. Isso é demonstrado claramente no dilema do prisioneiro, no qual dois prisioneiros, escolhendo racionalmente, agem de modo contrário ao melhor interesse de ambos.[2] E foi uma observação crucial de Burke, em sua polêmica contra a Revolução Francesa, a de que planos racionais nos cérebros de fiéis ardorosos podem conduzir ao desastre.

Os conservadores tendem a partilhar a concepção aristotélica de racionalidade humana e, como Aristóteles, reconhecem que um dos objetivos da vida política é refinar o uso da razão e implantar no cidadão as virtudes necessárias para seu exercício coletivo. Mas já se comprovou, de diferentes maneiras em diferentes épocas, que nós, seres racionais, precisamos de costumes e instituições que sejam fundados em algo além da razão se quisermos usar nossa própria razão com eficácia. Esse insight, aliás, provavelmente foi a maior contribuição do conservadorismo para o autoentendimento da espécie humana. Nos capítulos seguintes, falarei sobre isso em mais detalhes.

---

[2] Esse é o ponto de partida para qualquer discussão sobre escolhas coletivas e, caso não conheça o dilema do prisioneiro, você pode consultar uma entre milhares de referências na internet.

Isso dito, devemos, no entanto, reconhecer a tendência compensatória no pensamento conservador. Assim como enfatizou a necessidade de costumes e de comunidade, a filosofia conservadora defendeu a liberdade do indivíduo, concebendo a comunidade não como rede orgânica mantida pelo hábito e pela submissão, mas sim como associação livre de seres racionais que possuem e valorizam uma identidade própria. O conservadorismo como conhecemos hoje é uma mentalidade distintamente moderna, modelada pelo Iluminismo e pela emergência de sociedades nas quais o "nós" do pertencimento social é contrabalançado, em todos os pontos, pelo "eu" da ambição individual.

A ideia de sociedade como uma coleção de indivíduos, cada um com uma esfera autônoma de escolha e todos buscando a realização pessoal em um caminho próprio, não é recente. Em um famoso estudo, o historiador suíço Jacob Burckhardt atribuiu a emergência do indivíduo ao despertar intelectual e político da Renascença, ao passo que, em um livro recente, Sir Larry Siedentop levou a ideia mais para trás, até a religião de Jesus e São Paulo, que coloca a salvação da alma individual no coração da preocupação de Deus conosco.[3] Qualquer que seja a verdade dessas opiniões, está evidente que o individualismo assumiu um novo caráter durante o Iluminismo, com ênfase na conexão entre legitimidade e consentimento. A moderna concepção de sociedade política como assembleia de cidadãos que cooperam para estabelecer as leis sob as quais viverão deve ser distinguida das velhas ideias de soberania monárquica, qualificada, de qualquer maneira que fosse, pela necessidade de o monarca consultar e conciliar os grupos detentores de poder no interior do reino.

Mas não se deve pensar que a transição da velha ideia para as modernas formas de democracia parlamentar foi clara e absoluta.

---

[3] Jacob Burckhardt, *The Civilization of the Renaissance in Italy*, 1860 [*A cultura do Renascimento na Itália*. São Paulo: Companhia das Letras, 1991]; Sir Larry Siedentop, *Inventing the Individual: The Origins of Western Liberalism*, 2014.

Ao contrário: no caso inglês, estabeleceu-se ao menos desde o reinado de Eduardo III (entre 1327 e 1377) que o rei não podia taxar seus súditos sem consentimento da Câmara dos Comuns, e a subsequente história da Coroa inglesa tem girado em torno das cada vez mais bem-sucedidas tentativas do Parlamento de obter controle sobre as decisões mais importantes. Na época da Revolução Gloriosa de 1688, com a deposição de James II, o último rei Stuart, em favor de William de Orange, e com a adoção pelo Parlamento, em 1689, da carta de direitos, ficou claro que a Inglaterra havia se tornado uma monarquia constitucional, na qual o poder do monarca era limitado por costumes e convenções que transferiram a principal parte do governo para as duas câmaras do Parlamento.

Foi nessa época que as principais ideias por trás do moderno movimento conservador começaram a emergir tanto na Inglaterra quanto na França, e algumas delas foram partilhadas inicialmente pelos individualistas liberais que forneceriam o combustível intelectual para a Revolução Francesa. A primeira e mais abrangente ideia foi a de que a legitimidade de um governo depende do consentimento dos que estão sujeitos a ele. A autoridade é conferida ao governo pelo povo, que é a fonte última de poder soberano. Essa ideia — para nós, óbvia — envolve a inversão da visão medieval sobre o governo, de acordo com a qual o monarca, nomeado por direito histórico (o que usualmente significava divino), era a fonte de toda a autoridade do Estado. Na visão medieval, a liberdade do indivíduo era um privilégio, conferido pelo monarca como recompensa por serviços militares ou na corte. Mesmo que o individualismo estivesse em ascensão durante o período medieval, ainda não encontrara expressão em uma filosofia, e as teorias de governo viam a legitimidade como fluindo de cima para baixo, chegando aos indivíduos a partir de seus soberanos, e não, como mais tarde foi aceito, de baixo para cima, chegando aos soberanos a partir daqueles que consentiam com seu governo.

Ao mesmo tempo, as discussões medievais contêm férteis explorações de duas questões que seriam cruciais durante o Iluminismo: a relação entre governo eclesiástico e secular e os limites do governo, contidos nas leis naturais. Os estoicos gregos haviam defendido a existência de dois tipos de lei: as criadas pelos homens e as "naturais". A lei natural deve sua autoridade a nossos poderes inatos de raciocínio, sendo sua existência defendida pelo grande filósofo escolástico Santo Tomás de Aquino (1226-1274), que a viu como padrão segundo o qual a justiça de todos os arranjos meramente humanos podia ser mensurada. Essas discussões ocorreram paralelamente às tentativas de circunscrever e definir o poder da Igreja e reconciliar as necessidades conflitantes por uma ordem secular inclusiva e por instituições sagradas devotadas ao bem-estar espiritual da comunidade. O crescente conflito entre Igreja e Estado durante a Reforma e a ênfase cada vez maior na lei natural como definidora de limites para o poder soberano foram poderosos fatores no abandono da ideia medieval de que a legitimidade flui de cima para baixo, do soberano para o súdito, e sua substituição pela visão liberal, de que flui de baixo para cima, do povo para o poder soberano.

Em uma das primeiras obras de filosofia política a serem reconhecivelmente marcadas pelo tom do conservadorismo inglês, Richard Hooker (1554-1600), em *Of the Laws of Ecclesiastical Polity* (1594), tentou justificar o compromisso entre Igreja e Estado. Hooker acreditava que cada um deles deveria limitar o escopo do outro, no interesse da lei natural que garantiria as liberdades do indivíduo e asseguraria a paz entre os poderes temporal e espiritual.

Essa obra, estimada por muitos conservadores atuais, pertence ao período pré-moderno do debate político. No mundo de língua inglesa, a visão moderna sobre a legitimidade foi expressa integralmente pela primeira vez por Thomas Hobbes (1588-1679), cujo celebrado *Leviatã* (1651) tenta derivar uma descrição de bom governo da suposição de que a "comunidade" é composta de indivíduos capazes de escolher livremente, motivados por suas crenças e desejos. Em estado natural, argumentou Hobbes, esses indivíduos motivados por apetites competirão pelos recursos necessários para sobreviver e prosperar, e o resultado será a guerra de todos contra todos. Nessa condição, a vida será, em suas famosas palavras, "solitária, pobre, suja, brutal e curta". Mas os indivíduos possuem condições de superar esse estado natural, ao fazerem escolhas racionais e concordarem em agir em benefício mútuo. Assim, estabelecerão contrato para criar um governo que terá soberania sobre todos e fornecerá proteção a cada um. A soberania criada pelo contrato social não será parte do contrato, mas gozará de poder absoluto para impô-lo contra aqueles que tentarem ignorá-lo ou renegá-lo.

Não precisamos nos preocupar com os detalhes da teoria de Hobbes. O que importa aqui é o conceito de soberania que ele justificou. Poderíamos pensar que um filósofo que via a fonte da autoridade política no consentimento do indivíduo sujeito a ela terminaria com uma ideia amena, flexível e negociável de ordem legítima. Mas não foi assim. Hobbes viveu durante a guerra civil e testemunhou (da segura distância de Paris) a profunda desordem e a crueldade que se seguiram ao colapso do governo. Qualquer coisa era melhor que o caos que ele observou e, se o poder absoluto de um soberano era a única coisa capaz de preveni-lo, então era assim que as coisas deveriam ser. Compreendendo isso, os seres racionais sem dúvida assinariam o contrato que daria origem ao soberano absoluto.

Imediatamente na esteira de Hobbes surgiu *The Commonwealth of Oceana* (1656), de James Harrington (1611-1677), que apresentou o retrato de um Estado secular ideal. Harrington era admirador de Maquiavel, cujo cínico conselho aos governantes seculares, *O príncipe* (1532), chocara o mundo com a descrição realista do poder político. Harrington tentou demonstrar que o governo republicano em uma sociedade essencialmente capitalista — uma "nação pelo crescimento" — seria o sistema político mais estável. No curso dessa demonstração, argumentou em favor de constituição escrita, governo bicameral, voto secreto, eleição indireta do presidente e muitas outras características do Estado ideal, que seria, em suas famosas palavras, "um império de leis, não de homens". Sua obra, que exerceria poderosa influência sobre muitos pais fundadores da constituição americana, seguiu Hobbes na firme rejeição de qualquer sugestão de que a obediência religiosa, e não o consentimento popular, teria um papel a desempenhar na atribuição de legitimidade a um governo.

Dois tratados do governo civil (1690), de John Locke (1632-1704), deu um passo adiante no argumento pela soberania popular. Locke, fortemente influenciado por Hooker, retornou à ideia de lei natural. Entendemos essa lei, sugeriu Locke, não como imperativo abstrato, mas como senso interno de nossos direitos. Há direitos naturais reconhecidos por todos os seres capazes de raciocinar. A razão é capaz de perceber esses direitos, que existem independentemente de qualquer ordem social. Entre eles, os principais são os direitos à vida, à integridade física e à liberdade de ação: ninguém pode me privar deles sem estar agindo contra mim, a menos que eu mesmo tenha feito algo para fornecer justa causa (e talvez nem mesmo assim, se esses direitos forem verdadeiramente "inalienáveis"). Também há o direito natural à propriedade privada: qualquer objeto apropriado ou produzido "com inclusão de meu trabalho" é, sob certas condições, meu, assim como os braços que trabalharam nele são meus.

Os seres racionais reconhecem esses direitos naturais mesmo no estado de natureza e não requerem a proteção e o controle absolutos da soberania de Hobbes para os exigirem uns dos outros. Eles são direitos individuais específicos e não podem ser removidos ou limitados, exceto por consentimento daqueles que os possuem, um processo que provavelmente se estende apenas à liberdade de ação e à propriedade, e não à vida e à integridade física, dois direitos que, na visão de Locke, são inalienáveis. Todo governo, uma vez que envolve a limitação da liberdade dos governados e sua sujeição a um poder maior, deve ser fruto do consentimento para ser legítimo, e nenhum governo é legítimo de outra maneira. O modelo para o governo legítimo, portanto, é encontrado no contrato. A transição do estado de natureza para o estado de sociedade civil seria legítima se fosse resultado de um "contrato" social pelo qual seres livres concordam em aceitar a restrição de seus direitos em troca dos benefícios e da segurança da sociedade. Esse contrato não é um evento histórico, mas sim uma estrutura escondida no interior da sociedade e revelada por "consentimento tácito".

A sociedade civil constitui a si mesma em instituições particulares de governo que consagram e protegem a relação contratual entre seus membros. Locke sugeriu que as liberdades estariam mais protegidas e o contrato social seria mais estável se houvesse separação efetiva dos poderes — assim enfatizando uma noção, já introduzida por Harrington, que teria influência radical sobre o pensamento tanto liberal quanto conservador, parcialmente através da teorização mais cuidadosa e sistemática fornecida a ela por Montesquieu.

Charles-Louis de Secondat, o barão de Montesquieu (1689–1755), admirava Locke e a constituição inglesa (ou o que ele achava ser a constituição inglesa), chamando-a elogiosamente de "espelho da liberdade". Seu *O espírito das leis* (1734) contém a mais influente versão da teoria que afirma que o poder de governo é exercido em três esferas distintas — executiva, legislativa e judiciária — e que essas esferas devem ser mantidas tão separadas quanto possível, a fim de garantir as liberdades do sujeito. Montesquieu argumentou que somente um governo aristocrático no modelo inglês poderia criar um equilíbrio efetivo entre os poderes do Estado, evitando as tendências despóticas inerentes tanto à monarquia absoluta quanto ao governo pelo homem comum. Ele defendeu a liberdade, mas seu desejo era antes restaurar as antigas liberdades erodidas pelo absolutismo de Luís XIV que defender as novas liberdades do Iluminismo.

Harrington, Locke e Montesquieu influenciaram os pais fundadores americanos, que moldaram sua constituição nas linhas sugeridas por eles — com o poder executivo constituído pelo presidente, o poder legislativo pelo Congresso e o poder judiciário pela Suprema Corte. E Montesquieu foi admirado tanto por liberais quanto por conservadores após o Iluminismo, incluindo o grande conservador Edmund Burke, que o elogiou pelo que tomou por aprofundada tentativa de articular a ideia de liberdade em termos de uma visão conservadora da ordem social. Embora Locke e Montesquieu tenham avançado a teoria do individualismo liberal de maneiras que deram suporte tanto aos revolucionários americanos quanto aos muito mais radicais revolucionários franceses que se seguiram, seus conceitos fundamentais surgem com a mesma frequência nos textos de conservadores e liberais, e isso deve ficar claro se quisermos compreender exatamente como o moderno conservadorismo surgiu e o que, essencialmente, ele defendia.

O primeiro *Tratado do governo civil* de Locke foi dirigido contra um tipo de conservadorismo — o conservadorismo *pré-moderno* de Sir Robert Filmer (1588–1653), que publicara um tratado justificando a crença no direito divino dos reis. A obra de Filmer foi uma tentativa tardia de defender uma concepção de governo civil em rápida deflação, perfurada como fora pela guerra civil. Daí em diante, a disputa entre liberais e conservadores surgiria em sua forma moderna, como disputa no interior das ideias mais amplas de soberania popular, liberdade individual e direitos constitucionais. Embora mais tarde, após a Revolução Francesa, dúvidas tenham sido lançadas sobre essas ideias e uma versão do "direito divino" tenha sido restabelecida pelo grande polemista francês Joseph de Maistre, isso seria visto como desenvolvimento reacionário, e não conservador — ou seja, como invocação de uma ordem antiga de coisas, e não como convite para se adaptar a circunstâncias variáveis em um espírito de conservação e renovação.

Depois de Locke, a fronteira entre a posição liberal e a conservadora se tornou uma fronteira *interna* ao domínio da soberania popular, e entenderemos o conservadorismo moderno como movimento político apenas se percebermos que alguns elementos de individualismo liberal foram programados nele desde o início. Em particular, conservadores e liberais concordavam sobre a necessidade de governo limitado, instituições representativas e separação de poderes, além de acreditarem nos direitos básicos do cidadão, que deviam ser defendidos contra a administração de cima para baixo do Estado coletivista moderno.

Esse ponto é obscurecido pelo fato de que hoje o termo "liberal" é usado de duas maneiras conflitantes: para denotar, de um lado, a política e a filosofia da liberdade individual como defendidas por Locke e seus seguidores e, do outro, as ideias e políticas "progressistas" que emergiram na esteira do socialismo moderno. Com efeito, essas duas ideias pertencem a duas narrativas contrastantes de emancipação. O liberalismo clássico fala do aumento da liberdade individual contra o poder do soberano. O socialismo fala da igualdade cada vez maior promovida pelo Estado à custa das entrincheiradas hierarquias do poder social. Os revolucionários franceses foram à luta com um slogan que prometia liberdade e igualdade ao mesmo tempo. A história subsequente pode sugerir que, na prática, esses dois objetivos são incompatíveis ou, ao menos, coexistem em tensão radical. Ao considerar a pré-história do conservadorismo, é importante notar que ele foi essencialmente uma resposta ao liberalismo "clássico", que incorporava muitas das ideias de Locke, incluindo a ênfase nos direitos naturais e o direito à propriedade.

O conservadorismo moderno, consequentemente, começou na Inglaterra e na França como uma *qualificação* do individualismo liberal. O argumento conservador aceitava a visão da legitimidade de baixo para cima, como sendo conferida ao governo, ao menos em parte, pelo consentimento do povo. Aceitava certa versão da lei natural e dos direitos naturais, como definidores dos limites do poder político e das liberdades da soberania individual. E era, em geral, favorável ao governo constitucional e ao que Jefferson mais tarde descreveria como "freios e contrapesos" (*Notes on the State of Virginia*, questão XII), através dos quais os vários poderes e departamentos do governo podiam controlar uns aos outros.

De todas essas maneiras, o conservadorismo moderno surgiu como defesa do indivíduo contra potenciais opressores e como endosso da soberania popular. Contudo, ele se opunha à visão de que a ordem política está fundada em um contrato, assim como à sugestão paralela de que o indivíduo goza de liberdade, soberania e direitos em um estado natural e pode se livrar do fardo do pertencimento social e político e recomeçar em uma condição de liberdade absoluta. Para o conservador, os seres humanos chegam ao mundo com várias obrigações e sujeitos a instituições e tradições que contêm em si uma preciosa herança de sabedoria, sem a qual o exercício da liberdade tem tanto a probabilidade de destruir os benefícios e direitos humanos quanto de melhorá-los.

O primeiro grande defensor moderno desse tipo de conservadorismo foi o juiz Sir William Blackstone (1723-1780), cujos *Commentaries on the Laws of England* (4 volumes, 1765-1769) defendiam o *common law** inglês e a constituição não escrita como aplicações concretas da lei natural. Blackstone apresentou a constituição inglesa e a jurisdição do *common law* como soluções, testadas pelo tempo e pelos costumes, para os problemas do conflito social e as necessidades de um governo ordenado. A persistência dessas instituições através do tempo e sua inscrição no coração do povo inglês criaram o amor pela liberdade e a instintiva rejeição do governo tirânico

---

* Optou-se por manter a expressão original *common law*, em vez de "direito consuetudinário", porque é consenso entre os juristas que, embora os costumes sejam parte importante do *common law*, não são seu elemento dominante. [N. da T.]

que são as verdadeiras marcas do patriotismo inglês. Esse amor pela liberdade é mais uma criação dos costumes e tradições que a expressão de alguma escolha espontânea, e a perspectiva de longo prazo do *common law* é a verdadeira fonte da ordem política, e não qualquer contrato entre os cidadãos.

As ideias de Blackstone foram influentes durante os séculos seguintes, e sua defesa do *common law* foi retomada e ampliada, em nossa época, por Friedrich von Hayek (ver capítulo 5). Blackstone estabeleceu o tom do conservadorismo anglófono durante os séculos XVIII e XIX: cético, empírico e focado no legado concreto de um povo e suas instituições, e não em ideias abstratas de legitimidade política, criadas para se aplicarem a todas as pessoas em toda parte. Ao mesmo tempo, ele forneceu conteúdo histórico e empírico à teoria da lei natural, ao retirá-la da estratosfera teológica e levá-la para os tribunais de *common law* da Inglaterra, dos quais era presidente de última instância.

Hobbes e Harrington escreveram durante um século de conflito civil, no qual a opinião pública estava radicalmente dividida entre facções parlamentaristas e monarquistas. Foi durante o curso desse conflito que o termo *tory* foi inventado, para descrever os sentimentos tradicionalistas e legalistas que animavam as facções monarquistas do governo. (O termo vem do irlandês *tóraighe*, perseguidor, usado na época para descrever os irlandeses desprovidos que atacavam e molestavam os colonos ingleses.) Em seguida à Revolução Gloriosa de 1688, o termo entrou no uso geral para denotar políticos e pensadores ligados aos costumes e instituições estabelecidos da Inglaterra — especialmente a monarquia e a Igreja anglicana — e que viam a legitimidade como concedida por herança, e não criada por escolha.

O torismo não era uma filosofia, mas sim uma prática política que opunha a tradição e a lealdade à Coroa à defesa de reformas liberais. Essas reformas eram calculadas para capturar poder da monarquia e distribuí-lo entre a aristocracia modernizante — a facção *whig* do Parlamento. (O termo vem do escocês *whiggamor*, que significa tocador de gado e era usado de maneira irônica pelos oponentes dos *whigs*, assim como o termo *tory* havia sido usado derrisoriamente pelos próprios *whigs*.) A Revolução Gloriosa levou a um século de ascendência *whig*, embora tenha sido somente com a formação dos partidos políticos no século XIX — com os *tories* se tornando o Partido Conservador e os *whigs*, o Partido Liberal — que surgiu uma divisão fixa e definitiva entre as facções parlamentares. (Assim, o mais importante pensador conservador inglês, Edmund Burke, era um parlamentar *whig*.)

Exatamente por que a política inglesa se estabeleceu, durante o século XVIII, em torno da divisão *whig–tory* e como essa divisão estava conectada aos conflitos religiosos e sociais do século anterior é uma questão histórica ampla que ultrapassa o escopo deste livro. É suficiente dizer que o termo *tory*, inicialmente usado para denunciar os que possuíam simpatias católicas e stuartianas, foi domesticado durante o século XVIII, de modo a se aplicar a qualquer um cuja lealdade à Coroa fosse mais importante que quaisquer protestos que pudessem perturbar a ordem civil. Nesse sentido, o termo também foi usado na época da Revolução Americana para descrever os colonos que defendiam a lealdade ao rei, em oposição aos "rebeldes" que apoiavam a independência dos Estados Unidos.

O início do conservadorismo intelectual na Grã-Bretanha pode ser encontrado nas obras de escritores eruditos que pertenciam, explícita ou implicitamente, ao campo *tory*. Os dois mais interessantes, de nosso ponto de vista, são o filósofo escocês David Hume (1711–1776) e o crítico e poeta inglês Samuel Johnson (1709–1784), e é adequado encerrar este capítulo preliminar com um breve sumário de suas opiniões. Nenhum dos dois discordava da emergente filosofia individualista e ambos viam a liberdade como fundamento e objetivo da ordem civilizada. Mas não acreditavam na ideia liberal de contrato social ou nas extravagantes alegações feitas pelos seguidores de seu contemporâneo Jean-Jacques Rousseau a respeito do estado natural e do "nobre selvagem" que supostamente o habitava.

Hume se descreveu como *tory*, mas sem implicar que subscrevia a doutrina da Igreja anglicana ou o direito divino dos reis ingleses, que naquele momento sequer eram ingleses. Ele era quase certamente ateu e acreditava na igreja estabelecida e na monarquia estabelecida precisamente porque eram *estabelecidas*, incorporando, em sua estrutura e história, soluções para os conflitos sociais e instruções tácitas sobre como seguir adiante.

A filosofia política de Hume está contida em ensaios reunidos postumamente e nos seis volumes de *História da Inglaterra* (1744) e é mais fragmentária que a teoria empírica do conhecimento pela qual ele é famoso atualmente. Ele atacou a teoria do contrato social, argumentando que a ideia de Locke de que "consentimos tacitamente" com o governo ao permanecer voluntariamente em sua jurisdição é um mito, com a maioria das pessoas sendo inevitavelmente forçada, por laços culturais, linguísticos e de hábito, a permanecer onde está, qualquer que seja o governo que legisla em seu nome. Embora reconhecesse a importância do consentimento popular para assegurar a ordem política, ele acreditava que esse consentimento era uma *resposta* à crença na legitimidade, e não sua fundação. A única base verdadeira para qualquer concepção de legitimidade ou obrigação política, argumentou ele, é a utilidade, não havendo outra justificativa para as obrigações além dos benefícios obtidos ao se aceitá-las.

Hume acreditava que a política, como ciência "moral", podia ser deduzida do estudo da natureza humana e que as controvérsias se dissolveriam se a verdadeira estrutura de nossos sentimentos pudesse ser discernida. Ele identificou os principais sentimentos envolvidos na criação da ordem política como solidariedade e benevolência, e afirmou que a ideia de justiça era essencialmente derivada deles. Já vemos em Hume uma reação ao projeto iluminista de fundar nossas obrigações políticas no exercício da razão. Em todas as coisas que importam, particularmente aquelas de que nosso ser social depende, é o costume, e não a razão, que fornece o motivo decisivo.

A justiça, pensava Hume, requer o estabelecimento e a defesa de direitos privados, sendo o principal deles o direito à propriedade, para o qual forneceu uma justificativa utilitarista clássica. Ele defendia constantemente as liberdades que associava à constituição inglesa que emergira da Revolução Gloriosa, embora não acreditasse que pudessem ser facilmente garantidas ou resumidas em alguma fórmula. Sua preferência era por uma forma mista de governo, republicano e monarquista, como o que acreditava estar sendo exibido na Grã-Bretanha, onde os dois tipos de poder se opunham e se limitavam.

A natureza não sistemática de suas ideias políticas reflete sua filosofia empirista. Cético em relação aos argumentos abstratos e persuadido das limitações do conhecimento humano, ele sempre indicou a utilidade dos costumes como guias no caminho da coexistência pacífica. Concepções liberais grandiosas, nas quais a liberdade do indivíduo era exaltada e transformada em valor absoluto ao qual todos os compromissos de longa data deveriam ser sacrificados, mereciam desconfiança. Tais concepções abstratas eram meramente o último dos entusiasmos que, de tempos em tempos, varriam as sociedades humanas, deixando morte e destruição em seu rastro. A lição da história, para ele, era de que a ordem estabelecida, fundada sobre costumes seguidos e aceitos, é sempre preferível às ideias, por mais exultantes e inspiradoras que sejam, daqueles que gostariam de nos libertar de nosso herdado senso de obrigações. Esse pensamento — a essência do torismo durante a era moderna — não recebeu seguimento posterior de Hume. Mas se tornaria crucial após a Revolução Francesa, quando Burke se propôs a lhe fornecer uma filosofia.

Entrementes, a realidade do torismo como *atitude*, mais que filosofia, foi exemplificada definitivamente por um contemporâneo de Hume, Samuel Johnson. O dr. Johnson, como é conhecido em função do doutorado honorário que lhe foi conferido pela Universidade de Oxford (em reconhecimento a seu grande *Dicionário da língua inglesa*, de 1755), não era um filósofo político e não se engajou nos argumentos sobre liberdade e instituições que encontramos em Harrington e Locke. Mesmo assim, foi e permanece sendo uma elevada presença intelectual na cultura nacional inglesa, um exemplo da enraizada lealdade às "coisas estabelecidas pela lei" que, entre tantos conservadores anglófonos, substituiu o argumento abstrato. Aquilo em que Johnson acreditava, ele também exemplificava: um firme senso moral combinado a uma conduta excêntrica e um profundo respeito pelos valores estéticos. Para Johnson, a igreja estabelecida, que unia as pessoas no reconhecimento partilhado da presença de Deus em suas vidas cotidianas, era o coração da ordem política. A tolerância deveria ser estendida a dissidentes e infiéis, mas não à custa da ortodoxia. A poesia também era essencial para a vida política como ele a entendia, e aqui novamente o objetivo era a ortodoxia: a expressão exata das verdades morais e a moldagem da linguagem a fim de que essas verdades pudessem ser compreendidas e seguidas por todos que partilhavam da cultura literária.

Os hábitos excêntricos de Johnson, amplificados pelo que provavelmente era síndrome de Tourette e descritos de maneira cativante por James Boswell em *Life of Samuel Johnson* (1791), tornaram sua defesa da ortodoxia ainda mais impressionante. A busca pela opinião correta, pela resposta exata e pela emoção sensível também era, em seu mundo, uma expressão da liberdade mais elevada. Ele podia se mostrar alternadamente altivo e compassivo, indignado e arrependido, mas, em tudo, respondia ao mundo com um exaltado senso de responsabilidade por sua própria existência. A liberdade, para ele, não era uma fuga das obrigações, mas sim uma chamada a sua obediência, tivessem ou não sido escolhidas conscientemente. Essa era a atitude *tory*, que valorizava a excentricidade e a independência como sinais de uma obediência mais profunda que qualquer dócil conformidade, e ela permanece no coração do conservadorismo inglês até hoje.

Os pensadores cuja obra mencionei neste capítulo pertencem à pré-história do conservadorismo moderno, àquele momento no qual liberais e conservadores começaram a dividir entre si o novo território da política pós-religiosa. Como argumentei, liberais e conservadores estavam unidos na aceitação da liberdade individual como valor político último, mas diferiam em sua visão das instituições tradicionais. Os liberais viam a ordem política como derivando da liberdade individual; os conservadores viam a liberdade individual como derivando da ordem política. O que torna uma ordem política legítima, na visão conservadora, não são as escolhas livres que a criaram, mas sim as escolhas livres que ela cria. A questão sobre o que vem antes, liberdade ou ordem, dividiria liberais e conservadores durante os duzentos anos seguintes. Mas, no devido tempo, novas ameaças surgiriam para uni-los, sendo uma das mais importantes o crescimento do Estado moderno.

2.

O nascimento do conservadorismo político

Como vimos, o conservadorismo surgiu mais como hesitação no interior do liberalismo que como doutrina e filosofia em si. Durante o curso do século XVIII, conforme o clamor por soberania popular ganhava impulso, levando primeiro à Revolução Americana e depois à Revolução Francesa, as hesitações conservadoras começaram a se cristalizar como teorias e políticas. A diferença em inspiração, trajetória e resultado entre as duas revoluções às vezes é atribuída à maior influência, no caso americano, da maneira conservadora de pensar, comparada ao individualismo romântico e ao desejo de derrubar a velha ordem e recriar tudo do zero que inspiraram os revolucionários na França. E a principal influência aqui foi Thomas Jefferson (1743-1826), que esboçou a Declaração de Independência em 1776 e expôs, em *Notes on the State of Virginia* (1784), uma base teórica para o que seria a constituição americana de 1788.

Jefferson era conservador à maneira de Blackstone, que via a independência americana como garantia da continuidade da ordem legal contra a conduta ilegal da Coroa inglesa. A Declaração de Direitos da Virgínia (1776), esboçada por um amigo de Jefferson, George Mason, continha um resumo dos direitos humanos extraído do *common law* e em continuidade com ele, e a subsequente observação da Revolução Francesa convenceu Jefferson de que, embora houvesse direitos humanos universalmente válidos, a forma de governo devia ser adaptada às condições de cada sociedade, e não ditada pela lógica de ideias abstratas. Daí sua conclusão de que, na definição de direitos, o *common law* sempre seria um guia melhor que os argumentos filosóficos. Jefferson também acreditava que as gerações, e não apenas os indivíduos, possuíam direitos, e que uma constituição não podia ser imposta inflexivelmente às gerações futuras. A eventual adoção da carta de direitos como emenda à constituição americana deve muito a sua influência.

Jefferson é importante na história do conservadorismo por sua insistência na continuidade e nos costumes como condições necessárias para a criação bem-sucedida de uma constituição e por suas advertências contra a centralização do poder político. Ele acreditava que os estados deveriam manter os poderes necessários para o governo local e que os poderes federais deveriam se ater ao mínimo exigido para a manutenção da União como entidade soberana. Embora guiado pela filosofia liberal clássica — notadamente por Locke, Harrington e Montesquieu —, Jefferson defendia que o pertencimento social era parte da liberdade. Desejava uma nação de propriedades e comunidades estabelecidas, na qual os valores agrários fossem adequadamente respeitados e as cidades e instituições fossem construídas de acordo com princípios civilizados. Em sua propriedade em Monticello e na Universidade da Virgínia que criou em Charlottesville, ele deu um exemplo de conservadorismo em ação — adotando a arquitetura clássica e um currículo tradicional que enfatizava a continuidade do novo país com a velha ordem europeia. Embora a constituição que ajudou a esboçar tivesse forma democrática, Jefferson acreditava que ela precisava dos costumes que davam voz às gerações passadas e os via como parte de nossa ligação com o solo.

É verdade que o modo de vida agrário que defendia estava infectado, na época, por uma séria falha moral — a escravidão, que não defendeu em seus textos, mas, mesmo assim, explorou em sua vida. Não obstante, sua ênfase na terra e na arte de cultivá-la se tornaria um tema dominante no conservadorismo americano durante os dois séculos seguintes.

Isso marcou uma crescente divisão entre os liberais "clássicos" americanos e seus oponentes conservadores. Os herdeiros dos liberais logo se moveram na direção de uma visão política focada na economia de mercado, na manufatura e no livre comércio. Eles viam as cidades não como assentamentos humanos, mas sim como centros de produção e troca, e os valores da eficiência, da mobilidade e do crescimento econômico rapidamente chegaram ao topo de sua agenda. Se chegaram a notar as fazendas, foi como um tipo de negócio — o agronegócio —, que devia seguir as regras de todos os outros e crescer a fim de sobreviver. Dessa maneira, a tendência de "livre mercado" da política americana levou à destruição da paisagem rural. Os conservadores, em contraste, foram motivados pela visão de comunidades estabelecidas e unidas em "uma nação sob Deus", ligadas à terra e à família e construindo suas cidades como centros de civilização. Seu país ideal é tipificado por belos assentamentos como Charleston e pelas antigas Nova York e Boston de Henry James. Graças à tendência liberal, que coloca os valores utilitários acima dos estéticos, essas grandes cidades, assim como toda a paisagem rural, estão sendo desfiguradas até a extinção. Mesmo assim, permanece na política conservadora americana a divisão entre a defesa jeffersoniana de uma civilização agrária e a defesa das forças de mercado contra o Estado coletivista (ver capítulo 5).

Nessa conexão, devemos notar a importância dos papers *The Federalist*, uma série de 85 artigos de Alexander Hamilton, James Madison e John Jay publicados sob o pseudônimo Publius, em apoio à campanha pela ratificação da constituição americana em 1787–1788.

Abrangentes e de tom eminentemente prático, os artigos tentavam aplicar as doutrinas puramente liberais reunidas por Locke, Harrington, Montesquieu e outros à situação emergente dos Estados Unidos como futura federação de estados separadamente constituídos. Embora sejam agora entendidos como uma das principais declarações da posição liberal, também foram uma importante contribuição para o conservadorismo americano, suscitando a questão das garantias constitucionais à liberdade individual contra o crescimento do governo centralizado e fornecendo o terreno para as campanhas conservadoras em defesa dos "direitos dos estados".

Os fundadores americanos eram pessoas sérias, instruídas no pensamento político e constitucional, autores de um dos mais importantes documentos da história moderna: a primeira tentativa real de criar uma constituição que não só especificava os poderes do governo, como também insistia que aqueles eram seus *únicos* poderes, acrescentando, mais tarde, uma carta de direitos a fim de enfatizar esse ponto. Exatamente o que esse documento significa hoje é uma questão a que retornarei no capítulo 6. Mas, qualquer que seja o peso da filosofia por trás dela, a constituição é uma declaração legal, e não filosófica, e deixa os argumentos filosóficos praticamente no ponto em que estavam com as obras de Locke.

O Iluminismo viu o nascimento das ciências sociais, com escolas rivais de economistas — "mercantilistas" e "fisiocratas" — emergindo na França, país no qual também foram publicados estudos comparativos das religiões e organizações sociais dos povos indígenas. Muito da nova abordagem sociológica das comunidades humanas entrou na *Encyclopédie* de d'Alembert e Diderot (1751-1772), a grande obra do ceticismo iluminista que tinha a religião, a tradição e a aristocracia como alvos e que ajudou a preparar o caminho para a Revolução Francesa. Mas foi um pensador do Iluminismo escocês, Adam Smith (1723-1790), quem forneceu o insight filosófico que realmente deu início ao conservadorismo intelectual.

Smith publicou pouco e destruiu a maior parte de seus manuscritos antes de morrer. Mas suas duas maiores obras publicadas — *Teoria dos sentimentos morais* (1759) e *A riqueza das nações* (1776) —, juntamente com as sobreviventes *Lectures on Jurisprudence* (1762-1766), expressam uma visão da sociedade civil que se tornou central para a posição conservadora, e não só no mundo anglófono. *Teoria dos sentimentos morais* vê a fundação das comunidades humanas em nossa disposição de buscarmos uma "simpatia mútua de sentimentos" ao tentarmos nos unir a outros em nossa aprovação ou desaprovação dos atos alheios. Estamos conscientes de sermos não apenas agentes, animados por nossos próprios desejos, mas também objetos do julgamento alheio. Daí procurarmos inevitavelmente nos ver de fora, como os outros nos veem, e buscarmos sua aprovação e simpatia, que são os bens sociais mais preciosos. Assim surge nas comunidades humanas o hábito de consultar, na imaginação, o "espectador imparcial", a fim de avaliar nossos próprios pensamentos, sentimentos e ações e chegar a um veredito sobre seu valor moral.

Smith desenvolveu sua teoria com excelentes observações sobre as emoções sociais, analisando consciência, remorso, culpa e admiração, e reconhecendo o senso de responsabilidade perante o outro como centro de nossa vida moral. Embora não trate explicitamente da questão política sobre como a liberdade é assegurada, seus argumentos trazem à luz a verdade (que seu amigo David Hume também considerou ser a base da filosofia moral) de que uma sociedade de indivíduos livres é fundada sobre sentimentos simpáticos, e não sobre a razão.

Ele via a justiça como virtude negativa que consiste na disposição de refrear nosso impulso de ferir os outros ou tomar deles o que lhes pertence por direito. Essa virtude é a fundação essencial de uma sociedade bem ordenada, mas a percepção disso é débil demais para ser efetiva sem apoio da lei. Em *Lectures on Jurisprudence*, Smith desenvolveu essa ideia, argumentando que o *common law* é uma exposição da ideia negativa de justiça. Pagamos por esses direitos com deveres legais, e o principal objetivo dos tribunais é designar a responsabilidade por nossas ações, a fim de determinar quem deve ser julgado e como.

O retrato da sociedade civil pintado por Smith se tornou fundamental para a visão conservadora de nosso tempo. A sociedade civil é, de fato, composta de indivíduos agindo livremente — Smith aceita isso. Mas a liberdade traz consigo a responsabilidade, fundada em sentimentos de simpatia que fazem com que tentemos observar nossas condutas e as condutas alheias a partir do ponto de vista de um juiz imparcial. As instituições legais e de governo existem para designar responsabilidades e assegurar que não sejam evadidas ou abusadas. É claro que os liberais também reconhecem isso. Mas a diferença de ênfase é crucial para a posição conservadora. O conservadorismo defende a liberdade, sim. Mas também as instituições e atitudes que moldam o cidadão responsável e asseguram que essa liberdade seja benéfica para todos. O conservadorismo também defende, portanto, limites à liberdade. E aqui, no potencial conflito com a visão liberal extrema que valoriza a liberdade acima de todas as outras coisas e se recusa a estabelecer limites para seu exercício, encontramos uma das principais questões políticas de nosso tempo.

Embora Smith tenha considerado *Teoria dos sentimentos morais* sua obra principal e passado toda a vida tentando ampliá-la e corrigi-la, hoje é mais famoso por *Uma investigação sobre a natureza e as causas da riqueza das nações*, o livro que traz a primeira defesa séria da economia de mercado a partir de princípios filosóficos. Smith se opôs à crença mercantilista de que o poder de um Estado depende de sua riqueza e a melhor política é reter tanta riqueza quanto possível no interior de suas fronteiras. Essa visão de riqueza como acúmulo não representa corretamente a verdadeira natureza do valor econômico, que depende da circulação de mercadorias através do comércio, bem como do investimento e uso do trabalho humano.

Ele foi o primeiro pensador a ver o uso eficiente do trabalho como fonte do desenvolvimento econômico. A divisão do trabalho, que permite que as pessoas devotem seus talentos a um único item de produção e troquem o excedente por coisas de que precisam, é, para ele, a verdadeira causa do progresso econômico. Mas Smith também reconheceu que a "divisão detalhada" do trabalho no processo de manufatura ameaçava reduzir o trabalhador a uma sombra mecânica e previu o colapso da ordem social se os efeitos da Revolução Industrial não fossem mitigados por leis protegendo o bem-estar social da força de trabalho.

Ele acreditava que a economia de mercado, embora não sem malefícios, tem uma tendência natural ao equilíbrio. Em um mercado, "todo indivíduo se esforça constantemente para encontrar o emprego mais vantajoso para qualquer capital que possa comandar". Mesmo quando tem em mente seu próprio ganho, o mercador, operário ou dono de capital contribui para o bem-estar geral, "levado por uma mão invisível que promove um fim que não fazia parte de suas intenções". Os críticos indicam que o sistema de mercado pode produzir vastas desigualdades e que essas desigualdades podem destruir a possibilidade de equilíbrio na esfera política. Mas a essência do argumento permanece intocada por essa crítica. Ela jaz na concepção de "mão invisível" da sociedade humana e na ideia de que soluções coletivas podem ser mais efetivas quando não são diretamente almejadas. No longo prazo, esse argumento se provou crucial para a filosofia do conservadorismo.

O argumento nos diz que, em condições normais de interação social, indivíduos defendendo seus próprios interesses e agindo livremente promoverão resultados benéficos para todos. Eles não *almejam* esses resultados, muito menos os planejam. Os resultados são subprodutos involuntários de decisões que não fazem referência a eles. Efeitos da mão invisível não são observados apenas na esfera econômica. A beleza dos vilarejos tradicionais construídos com materiais locais é o subproduto involuntário do desejo por abrigos duráveis ao menor custo possível. A paz entre as nações é o subproduto involuntário do comércio entre seus cidadãos. E assim por diante, com consequências não intencionais, mas reproduzíveis, tanto boas quanto más. Mas a essência do argumento de Smith é mais profunda do que parece. Para ele, o mecanismo da mão invisível não é apenas uma explicação para o mercado — é também uma *justificativa*. É precisamente porque o preço (ou "valor de troca") das mercadorias em um mercado resulta das transações livres entre indivíduos que ele é um guia seguro para o comércio. Ele é uma destilação do conhecimento social que permite que cada participante do mercado responda aos desejos e necessidades de todos os outros.

Além disso, o argumento sugere que aqueles que planejam a produção e distribuição de mercadorias em uma grande sociedade tentam conseguir o impossível. O plano tende a interferir nas relações livres entre as pessoas e, consequentemente, a destruir os efeitos normais e involuntários da liberdade humana, incluindo a coordenação econômica. Planejar, em tais circunstâncias, é correr o risco de destruir as relações humanas das quais essa coordenação depende.

Esse argumento, desenvolvido detalhadamente pelos economistas da escola austríaca (ver capítulo 5), foi crucial para os ressurgimentos modernos da mensagem conservadora. Pois ele sugere que não é o Estado, mas sim a sociedade civil — as associações livres entre indivíduos — que contém a solução para prementes problemas coletivos, e que, consequentemente, não é o controle estatal, mas a liberdade individual que se faz necessária para que uma grande sociedade obtenha sucesso.

A objeção afirma que as soluções de mercado nem sempre estão disponíveis e que, deixado a seu próprio arbítrio, o mercado pode erodir as condições das quais depende ao encorajar predadores, trapaceiros, monopolistas e aqueles que colocariam tudo, inclusive as relações humanas, à venda. Mas isso não é um argumento para se rejeitar a "mão invisível" de Smith. É antes um argumento para se reconhecer a verdade que ele tentou expor em *Teoria dos sentimentos morais*: especificamente que, em condições normais, as pessoas respondem simpaticamente às ações umas das outras, acreditam-se responsáveis e buscam o julgamento favorável que também desejam emitir. Uma economia de mercado pressupõe pessoas honestas que desejam negociar abertamente e por acordo mútuo. Por isso ela precisa ser sustentada por restrições morais e legais emanadas de nosso fundo partilhado de simpatia, e de outra maneira não estará segura contra fraudes, abusos e trapaças.

Tudo isso fica mais claro quando nos voltamos para o outro grande conservador inglês do século XVIII, o incomparável Edmund Burke, cuja carreira como parlamentar e estadista concedeu autoridade adicional aos ensaios e panfletos nos quais ele tentou desenvolver uma resposta integral ao desafio da soberania popular, em particular a sua manifestação patológica, como a que viu na Revolução Francesa. A Revolução Americana, que terminou em 1783, levou à Convenção da Filadélfia de 1787, na qual antigos colonizadores esboçaram a constituição liberal que serviu para governar os Estados Unidos desde então. Inicialmente, a Revolução Francesa de 1789 pretendeu emular a americana, com a recém-formada Assemblée Nationale emitindo uma "Declaração dos direitos do homem e do cidadão" que era impecável em sua defesa das liberdades liberais. O documento, esboçado por um amigo de Jefferson, o marquês de Lafayette, que desempenhou papel importante na Revolução Americana, pretendia dar à nova ordem política a mesma fundação fornecida pela constituição americana.

Contudo, havia diferenças significativas entre os dois documentos. A constituição americana e a carta de direitos acrescentada a ela por influência de James Madison e Jefferson estavam indelevelmente marcadas pela jurisdição do *common law* e haviam sido compreendidas, por todos os signatários, como tentativa de proteger os antigos direitos e privilégios do povo, como definidos e descobertos pelo direito. Em outras palavras, a constituição americana foi projetada para garantir às pessoas aquilo de que elas já gozavam antes que a Coroa começasse a taxá-las sem autoridade. Era o resíduo de uma prática já estabelecida, e não a receita para uma nova ordem de coisas.

A declaração francesa foi produto da reflexão filosófica, uma tentativa de transcrever para a política ideias que não tinham presença declarada anterior e que deviam tanto aos argumentos abstratos dos filósofos quanto ao exemplo americano. Em particular, não fazia nenhuma referência às instituições de governo e definia os direitos do homem e do cidadão sem mencionar qualquer procedimento que pudesse ser empregado para defendê-los em um tribunal. Era uma obra filosófica, imbuída com o espírito apriorístico de Rousseau, cuja teoria da "vontade geral" é invocada explicitamente no artigo VI e para quem os seres humanos e suas imperfeições sempre foram um impedimento ao ideal de uma liberdade não corrompida. Além disso, a assembleia distinguia entre cidadãos "ativos" e "passivos", os primeiros sendo a minoria expressamente protegida pela declaração e os últimos sendo a vasta maioria (mulheres, camponeses, servos e classes despossuídas) que seria protegida apenas indiretamente pelos cidadãos ativos que estavam encarregados dela.

Nenhum escritor percebeu os defeitos da declaração tão claramente quanto Edmund Burke, cujo livro *Reflexões sobre a revolução na França* (1790), escrito um ano depois de seu início, é um espantoso exemplo de sua habilidade de compreender a essência das coisas e prever seu desenrolar. Embora, quando escreveu, o rei ainda não tivesse sido executado e o Terror ainda não tivesse começado, ele previu ambos os eventos e avisou contra o que via como principal defeito da revolução, quando comparada à americana (que defendera): o fato de que fora imposta de cima para baixo, por uma "cabala literária". Contra isso, desenvolveu um complexo e — embora não sistemático — altamente esclarecedor relato de costumes, tradições e associações civis em termos dos quais era possível diagnosticar a natureza destrutiva daquele tipo de política "geométrica" (ou seja, abstrata e dedutiva).

Burke reconhece que a liberdade está sempre em risco e deve ser protegida pela lei. E afirma claramente que a sociedade moderna deve ser politicamente organizada, com um governo até certo ponto independente de laços religiosos, tribais e familiares. Mas defende a religião e a família como formas de sabedoria coletiva e rejeita o individualismo extremo que se recusa a reconhecer o papel indispensável desempenhado pelo pertencimento social no exercício da escolha livre e racional. Seu argumento faz uma defesa detalhada e sutil da herança social que possibilita a soberania popular, contra os intelectuais que, em nome do povo, desejavam destruir todas as leis e instituições estabelecidas.

Burke rejeitou a ideia liberal de contrato social como acordo entre pessoas vivas. A sociedade, argumentou ele, não contém apenas os vivos, sendo uma associação entre os mortos, os vivos e os não nascidos. Seu princípio vinculatório não é um contrato, mas algo mais parecido com uma tutela. É uma herança partilhada em benefício da qual aprendemos a circunscrever nossas demandas, ver nosso lugar na ordem das coisas como parte de uma cadeia contínua de dar e receber, e reconhecer que as coisas boas que herdamos não são nossas para desperdiçar, devendo ser salvaguardadas para nossos dependentes. Há uma linha de obrigação que nos conecta àqueles que nos deram o que temos, e nossa preocupação com o futuro é uma extensão dessa linha. Levamos em consideração o futuro de nossa comunidade não por fictícios cálculos de custo-benefício, porém mais concretamente, ao nos vermos herdando benefícios e passando-os adiante. A preocupação com as gerações futuras é uma consequência não específica da gratidão. Ela não realiza cálculos, porque não deve e não pode fazê-lo.

A queixa de Burke contra os revolucionários era que haviam assumido o direito de gastar todos esses fundos e dotações em uma emergência criada por eles mesmos. Escolas, fundações de igrejas e hospitais — todas as instituições fundadas por pessoas então mortas em benefício de seus sucessores — foram expropriados e destruídos, resultando no total desperdício das poupanças acumuladas e levando à inflação maciça, ao colapso da educação e à perda das formas tradicionais de auxílio social e médico. Dessa maneira, o desprezo pelos mortos levou à privação de direitos dos não nascidos, e, embora esse resultado talvez não seja inevitável, ele foi repetido por todas as revoluções subsequentes. Em função do desdém pelas intenções e emoções daqueles que construíram coisas, as revoluções sistematicamente destruíram o estoque de capital social, e os revolucionários sempre justificaram essa destruição com um impecável raciocínio utilitarista. Os individualistas radicais entram no mundo sem capital social próprio e consomem tudo que encontram.

Tão importante para Burke quanto o conceito de tutela era a ideia de "pequeno pelotão". A sociedade, acreditava ele, depende de relações de afeto e confiança que só podem ser construídas a partir de baixo, através da interação face a face. É na família, nos clubes e sociedades locais, na escola, na igreja, no time, no regimento e na universidade que as pessoas aprendem a interagir como seres livres, assumindo a responsabilidade por suas ações perante seus vizinhos. Quando uma sociedade é construída a partir de cima, seja pelo governo de uma ditadura revolucionária, seja pelos editos impessoais de uma burocracia inescrutável, a responsabilidade rapidamente desaparece da ordem política e da sociedade.

O governo de cima para baixo cria indivíduos irresponsáveis, e o confisco da sociedade civil pelo Estado leva à recusa generalizada dos cidadãos de agirem por si mesmos. Contra a sociedade de conscritos iniciada pelos revolucionários franceses, Burke desejava propor uma sociedade de voluntários. E isso significa que, para ele e para todos os conservadores subsequentes, a sociedade civil, e não o Estado, é a verdadeira fonte da ordem social e da autoridade — um ponto que teria de esperar por Hegel para obter uma elaboração filosófica mais completa (ver capítulo 3).

Os "pequenos pelotões" são os lugares nos quais as tradições se formam. Tradições sociais, como indicou Burke, são formas de conhecimento. Elas contêm os resíduos de muitas tentativas e erros e as soluções herdadas para muitos dos problemas que encontramos. Como aquelas habilidades cognitivas que antecedem a civilização, elas são *adaptações*, mas adaptações da comunidade, e não do organismo individual. Tradições sociais existem porque permitem que uma sociedade se reproduza. Destruí-las é remover as garantias oferecidas por uma geração à seguinte.

O argumento de Burke é paralelo ao argumento em favor da economia de mercado sugerido por Adam Smith e explicado integralmente, 150 anos mais tarde, pelos economistas austríacos (ver capítulo 5). Somente em um mercado livre, argumentaram Mises e Hayek, estão disponíveis as informações que permitem que jogadores individuais disponham racionalmente de seu orçamento. Pois somente em um mercado livre os preços fornecem um guia para as necessidades econômicas dos outros. Os preços destilam informação sobre um número indefinido de estranhos vivendo hoje.[1] De maneira similar, para Burke, as tradições e os costumes destilavam informação sobre um número indefinido de estranhos vivendo *naquela época*, informação necessária para acomodarmos nossa conduta às necessidades das gerações ausentes.

---

[1] O argumento que condensei aqui é detalhado em Ludwig von Mises, *Socialism: An Economic and Sociological Analysis*, Londres, 1951 (publicado inicialmente em 1922 como *Die Gemeinwirtschaft: Untersuchungen über den Sozialismus*), e nos ensaios de Hayek em *Individualism and Economic Order*, Chicago, 1948, especialmente nos três ensaios sobre "cálculo socialista" aí reimpressos. Ver capítulo 5.

Além disso, ao discutir tradições, não estamos discutindo regras e convenções arbitrárias. Estamos discutindo as *respostas* encontradas para *perguntas* persistentes. Essas respostas são tácitas, partilhadas e corporificadas em práticas sociais e expectativas não articuladas. Aqueles que as adotam não necessariamente são capazes de explicá-las, muito menos justificá-las. Por isso Burke as descreveu como "preconceitos" e as defendeu porque, embora o estoque de razão em cada indivíduo seja pequeno, há um acúmulo de razão na sociedade, que questionamos ou rejeitamos por nossa conta e risco.

A razão, consequentemente, se mostra naquilo que não racionalizamos e talvez não consigamos racionalizar — e é o que vemos em nossas tradições, incluindo as que contêm sacrifícios em seu âmago, como a honra militar, a dedicação à família e a devoção aos deuses. Burke acrescenta que o "preconceito, com sua razão, tem um motivo para transformá-la em ação e um afeto que lhe dará permanência. O preconceito é de rápida aplicação em emergências; ele engaja a mente em um curso estável de sabedoria e virtude e não deixa o homem hesitante no momento da decisão, cético, confuso e incerto. O preconceito transforma a virtude de um homem em hábito, em vez de uma série de atos desconectados. Por meio do preconceito justo, seu dever se torna parte de sua natureza".

No entender de Burke, portanto, a tradição é uma forma de *conhecimento*. Não conhecimento teórico, é claro, relacionado a fatos e verdades, e tampouco o know-how comum. Há outro tipo de conhecimento, que não é nem conhecimento *de que*, nem conhecimento *de como*, e que envolve o domínio das situações: saber *o que fazer* a fim de realizar determinada tarefa com sucesso, não sendo esse sucesso medido de qualquer maneira exata ou em termos de algum objetivo antecipado, mas sim pela harmonia entre o resultado e as necessidades e interesses humanos. As boas maneiras ilustram o que Burke tinha em mente. Saber o que fazer quando temos companhia, o que dizer, o que sentir: essas são coisas que adquirimos por imersão na sociedade. Elas não podem ser ensinadas com explicações, mas somente por osmose, e, mesmo assim, a pessoa que não as adquire é descrita acertadamente como ignorante. Além disso, ilustram o modo pelo qual aquelas formas mais elevadas de conhecimento prático — as virtudes aristotélicas — são adquiridas e exercidas, e a influência de Aristóteles é aparente na passagem que acabei de citar.

Embora o contrato social exista em muitas formas, seu princípio orientador foi anunciado por Hobbes com a afirmação de que não pode haver "nenhuma obrigação, imposta a nenhum homem, que não tenha surgido de algum ato seu".[2] Minhas obrigações são minha própria criação, vinculatórias por terem sido escolhidas livremente. Quando você e eu fazemos promessas mútuas, o contrato resultante é aceito livremente, e qualquer quebra é uma violência não somente contra você, mas também contra mim mesmo, pois significa o repúdio de uma escolha racional e bem fundamentada. Se pudéssemos construir nossas obrigações para com o Estado no modelo de um contrato, portanto, nós o teríamos justificado em termos que todos os seres racionais deveriam aceitar. Contratos são paradigmas de obrigações escolhidas — obrigações que não são impostas, comandadas ou forçadas, mas assumidas livremente. Assim, quando a lei é fundada em um contrato social, sua obediência é simplesmente o outro lado da livre escolha. Liberdade e obediência são uma e a mesma coisa. Essa foi a ideia que Rousseau exaltou e transformou em princípio orientador da política. As leis seriam a expressão da "vontade geral", que, por ser a vontade de cada cidadão, garante que todo ato de obediência seja também uma expressão da livre escolha.

O contrato social de Rousseau começa com uma assembleia de indivíduos abstratos, sem laços ou ligações e nada que guie sua conduta social para além dos acordos que podem fazer com seus companheiros. Esse retrato da sociedade foi partilhado também pelos

---

[2] Thomas Hobbes, *Leviatã*, parte 2, capítulo 21.

revolucionários, para quem a velha ordem deveria ser inteiramente destruída, a fim de que as pessoas pudessem recomeçar, sem nada para guiá-las além de sua livre escolha. Mas os seres sociais não são assim, insistiu Burke. Sociedades são exclusivas por natureza, estabelecendo privilégios e benefícios que são oferecidos apenas a seus membros e que não podem ser livremente concedidos a todos os iniciantes sem sacrificar a confiança da qual depende a harmonia social. O contrato social começa com um exercício intelectual no qual um grupo de pessoas se reúne para decidir seu futuro comum. Mas, se estão em posição de decidir seu futuro comum, é porque já possuem um: reconhecem sua proximidade mútua e sua dependência recíproca, o que faz com que estabeleçam como podem ser governadas sob uma jurisdição comum, em um território comum. Em resumo, o contrato social requer uma relação de filiação que permita que os membros individuais concebam em termos contratuais as relações que mantêm entre si. Teóricos do contrato social escrevem como se ele pressupusesse apenas a primeira pessoa do singular da escolha livre e racional. Na verdade, ele pressupõe a primeira pessoa do plural, na qual os fardos do pertencimento já foram assumidos.

O objetivo de Burke em *Reflexões* é defender a prioridade do "nós" sobre o "eu" e alertar sobre o que ocorre quando as formas de pertencimento social são removidas e a sociedade se desintegra "na poeira da individualidade". O "nós" que ele defende não é o do moderno Estado burocrático, muito menos o dos guardiões revolucionários que falavam em nome do povo sem jamais consultá-lo. É o "nós" de uma comunidade tradicional, unida pela rede de "pequenos pelotões", sob um estado de direito partilhado e gozando de soberania territorial. É o que agora chamamos de "nação", embora sem a beligerante ideologia de nacionalismo com a qual os revolucionários franceses sustentaram seu poder.

Burke estava explicitamente contrastando a forma de raciocínio que emerge através dos costumes, da troca livre e do "preconceito" com os princípios aprioristicos dos revolucionários, que eles atribuíam à abstrata "razão" que supostamente é herança de todos. Como já sugerido, ele defendia os costumes e as tradições não meramente porque os via como objeto de afeto e confiança, mas por compreendê-los como formas de conhecimento social — o tipo de conhecimento que o racionalismo dos revolucionários estava fadado a destruir e cuja destruição levaria ao absolutismo e à exorbitância dos que tentavam governar sem ele.

O argumento de Burke seria apresentado em novos termos no ataque de Oakeshott ao "racionalismo na política", na defesa da "ordem espontânea" de Hayek e na defesa da tradição feita por T. S. Eliot. Assim, devo retornar a ele. Sua importância raramente é compreendida pelos críticos, que leem *Reflexões* como obra nostálgica, uma tentativa tardia de defender uma sociedade condenada contra uma modernização necessária e que já demorara demais a chegar. Na verdade, o argumento de Burke é um diagnóstico do que dá errado quando a relação entre o indivíduo livre e a comunidade ordenada é mal interpretada. Os revolucionários idolatravam a liberdade individual e a invocavam a cada estágio de sua aventura. Mesmo os tribunais revolucionários, nos quais juiz, júri e acusação eram um só e o acusado não tinha direito de defesa, eram justificados pelo que Robespierre chamou de "despotismo da liberdade". Mas essa liberdade, construída como fundação da ordem social, era indistinguível da tirania. E isso é exatamente o que deveríamos esperar, uma vez que a liberdade não é a fundação da ordem social, mas um de seus subprodutos. Para usar a linguagem de Adam Smith, a liberdade surge, por meio de uma mão invisível, de práticas que não a têm como objetivo, mas corporificam o conhecimento socialmente engendrado de várias gerações. Remova os costumes, as tradições e os pequenos pelotões e estará removendo o escudo entre as pessoas e aquele que busca controlá-las enquanto afirma estar falando em seu nome. A real soberania popular, sugere Burke, envolve respeito por aquilo que as próprias pessoas respeitam: as tradições, as leis e a narrativa de uma ordem legítima.

De todas as reações à Revolução Francesa, a de Burke certamente foi a mais eloquente e condenatória. Mas ela foi apresentada sem qualquer pretensão a um sistema filosófico, e foi selvagemente atacada pelos radicais para quem os direitos do indivíduo eram a única fonte de legitimidade política, um dos quais, Thomas Paine, teria parte ativa, primeiro na política francesa e depois na americana, como defensor do povo contra o establishment (*Os direitos do homem*, 1791-1792). A original "Declaração dos direitos do homem e do cidadão" deveria ser seguida pela declaração de seus deveres, mas a Assemblée Nationale concluiu que ela era desnecessária. Assim, moveu-se rapidamente de um governo ordenado para o vácuo moral que surge quando uma sociedade é baseada inteiramente em reivindicações contra ela, sem nenhum dever em seu favor. Olhando para o conflito de nossa posição atual, certamente podemos reconhecer, nos escritos de Smith e Burke, uma tentativa de descrever o sentimento de pertencimento social em termos que colocam o dever e a responsabilidade no lugar a que pertencem, ou seja, no coração da ordem social. Mas foram os argumentos superficiais de Thomas Paine que exerceram maior influência, ilustrando o fardo sob o qual os conservadores sempre tiveram de trabalhar: o de defender uma posição rica em demandas, mas pobre em promessas.

3.

O conservadorismo na Alemanha e na França

Os primeiros dois capítulos deste livro mostraram ideias conservadoras surgindo no mundo de língua inglesa, juntamente com uma concepção liberal da ordem política. Ao tentar defender a soberania popular, os liberais encontraram certas realidades inconvenientes. Eles descobriram que os seres humanos são indivíduos que escolhem livremente, mas somente em um contexto social que permita isso. A liberdade certamente é um bem humano, mas somente quando limitada de maneiras que impeçam seu abuso. As leis liberais são o triunfo da ordem política, mas somente quando as pessoas possuem o conhecimento social necessário para compreendê-las e obedecê-las. E, em resposta a essas realidades, o conservadorismo surge com uma filosofia alternativa. Somente quando os costumes e as tradições estão presentes, a soberania do indivíduo leva à verdadeira ordem política, e não à anarquia; somente em uma comunidade de obrigações não contratuais, a sociedade possui a estabilidade e a ordem moral que tornam possível o governo secular.

A relação entre liberalismo e conservadorismo como a descrevi, portanto, não é de absoluto antagonismo, mas sim de simbiose. O liberalismo só faz sentido no contexto social que o conservadorismo defende. Mas liberais e conservadores são bastante distintos em termos de temperamento. Os liberais se rebelam por natureza; os conservadores obedecem por natureza. Os conservadores acreditam que, se a cultura de obediência for destruída, de modo que direitos sejam declarados e deveres esquecidos, o resultado será o terror totalitário que vimos em seguida à Revolução Francesa.

A mesma relação dialética entre liberalismo e conservadorismo surgiu em outros lugares, e mais memoravelmente nos textos políticos de dois grandes filósofos alemães, Immanuel Kant (1724–1804) e Georg Wilhelm Friedrich Hegel (1770–1831). Kant era liberal — e, em certa interpretação, liberal extremista, uma vez que transformou o indivíduo dotado de livre escolha no próprio centro de sua visão de mundo e julgou todas as instituições e procedimentos em termos desse conceito. Ele afirmou que a moralidade, as leis e a política, corretamente compreendidas, derivam da "autonomia da vontade". Todavia, essa autonomia é expressa através do dever, e não do desejo. O ser livre é forçado pela razão a aceitar o imperativo categórico, que se aplica a todos os seres racionais e diz que devemos agir de acordo com uma máxima que, através de nossa vontade, poderia ser uma lei universal, tratando todas as pessoas igualmente e como "fins em si mesmas".

A despeito dessa ênfase no dever, a filosofia moral e política de Kant não concede lugar especial a costumes e tradições; não leva em conta a família ou o "pequeno pelotão"; e tenta derivar o reino dos direitos e deveres de uma teoria abstrata e apriorística que não faz referência a nenhuma comunidade histórica específica. Kant chegou a conclusões políticas radicais que coincidiam, de modo geral, com as ortodoxias liberais então emergentes, embora sempre com ênfase nos deveres e nas leis, e não nos direitos e na libertação. Foi admirador de Rousseau e defensor (ao menos inicialmente) da Revolução Francesa. Expôs uma versão da teoria do contrato social, ao mesmo tempo defendendo uma ordem mundial "cosmopolita" na qual os Estados-nação coexistiriam, com sua soberania diminuída por leis internacionais. E defendeu o governo republicano, administrado por representantes eleitos pelo povo.

Hegel via a filosofia de Kant como defesa do "direito abstrato" — uma rede de direitos e deveres definidos somente pela razão, sem referência à história ou às particularidades das relações humanas. Para Hegel, esse direito abstrato, embora válido em si mesmo, deve se concretizar e se unir às ligações históricas dos agentes morais reais a fim de se tornar um guia definitivo. Sem as demandas concretas da ordem moral, a ideia de direitos permanece na estratosfera intelectual, falhando em descer à terra em qualquer aplicação real. Do confronto entre o direito abstrato e a moralidade concreta emerge a vida ética.

A ordem política é a expressão comunal dessa vida ética (*Sittlichkeit*), e sua defesa por Hegel é uma versão altamente original e metafisicamente intrigante da resposta conservadora ao liberalismo. Hegel tentou mostrar que a liberdade abstrata de Kant e Rousseau só está disponível no contexto de uma ordem social governada pela tradição, na qual as obrigações não contratuais e as instituições corporativas formam a rede de pertencimento social. Na transição de Kant para Hegel, descobrimos uma versão metafísica do que já examinamos ao considerar as visões de Locke e Burke: a transição das aspirações liberais para as realidades conservadoras.

Hegel foi profundamente influenciado por Kant. Mas o foi igualmente pelos efeitos das revoluções do século XVIII. Essas revoluções modificaram irreversivelmente a imagem da política. Depois delas, o pensamento seria infectado pela ideia de que tudo pode ser profundamente alterado, instituições e leis não são mais que medidas temporárias e cabe aos que defendem o *status quo* o ônus de encontrar uma razão para conservá-lo, e uma razão que seja suficiente para superar todos os sonhos e esperanças dos radicais. Em breve, surgiriam teorias para explicar, justificar e defender a revolução, e uma delas, a de Marx, passaria a dominar o pensamento e a prática política.

As visões de Marx devem tudo a Hegel, cujas principais concepções adotou, adaptou e travestiu em sua tentativa de obter a superioridade moral da defesa política. Como seus seguidores, os "jovens hegelianos", dos quais Marx fazia parte, Hegel aceitou a Revolução Francesa como importante ponto de virada e de chegada à consciência das profundas subcorrentes da história. Dessa e de outras maneiras, é possível representá-lo como fundador das políticas revolucionárias do século XIX. Mesmo assim, a despeito de sua admiração inicial por Napoleão e de seu persistente vício no herói como figura redentora, a filosofia política de Hegel evoluiu e se transformou na mais sistemática apresentação da visão conservadora da ordem política.

O ponto de partida da filosofia conservadora é admiravelmente capturado por ele em *Fenomenologia do espírito* (1806), que mostra como relações de conflito e dominação são superadas pelo reconhecimento de direitos e deveres mútuos e como, no curso dessa superação, os indivíduos adquirem não somente liberdade de ação, mas também certo senso de pertencimento social. O processo através do qual seres humanos adquirem liberdade, mostra Hegel, também constrói suas ligações. As instituições da lei, da educação e da política fazem parte disso — não coisas que escolhemos livremente de uma posição de distanciamento, mas coisas através das quais adquirimos nossa liberdade e sem as quais não poderíamos existir como agentes plenamente autoconscientes.

Para Hegel, o *self* que escolhe livremente de Rousseau é uma abstração vazia. O *self* não existe anteriormente à sociedade, sendo criado em sociedade, através da resolução do conflito e através dos costumes, da moralidade e da associação civil. Esses são os "dados" inamovíveis da condição humana, pois, sem eles, não pode haver a consciência autoconsciente na qual nosso mundo está baseado. Hegel defende essa conclusão de maneira notável, ao considerar a natureza paradoxal da escravidão (*Fenomenologia do espírito*, capítulo 4, parte 1).

Ele apresenta nossa evolução social em uma série de cenários, mostrando o desenvolvimento das espécies não diferenciadas de vida até chegar à individualidade autoconsciente do animal político. E escreve sobre a transição da luta "de vida e morte" do estado natural para as relações de dominação, nas quais o "eu" emerge em conflito com o "você". O conflito é resolvido pela vitória, quando uma das partes cede, preferindo a escravidão à morte: "eu" agora domino "você". Como senhor, tenho o poder de comandar seu trabalho. Mas é você, o escravo, quem imprime sua marca no mundo, uma vez que cria os produtos dos quais eu dependo. Eu, como consumidor, nada encontro de mim mesmo no mundo que usufruo: tudo está obscurecido por minha indolência, e mesmo a crença em minha liberdade sofre, dado que efetivamente renunciei à minha vontade, entregando-a ao outro que trabalha para mim. A verdadeira liberdade envolve consciência de minha autonomia, e só posso consegui-la se outros a reconhecerem, em transações livres e iguais. Posso tentar comandar esse reconhecimento, mas o reconhecimento comandado não é o que busco, e que deve ser livremente concedido a fim de confirmar meu direito a ele.

Dessa maneira, sugere Hegel, as relações de poder estão imbuídas de uma espécie de contradição. O senhor busca o reconhecimento do escravo, que não tem o poder de concedê-lo. Somente ao abrir mão da dominação o senhor pode gozar verdadeiramente da autonomia de agente livre. A "dialética" de Hegel — o processo no qual contradições são geradas e então resolvidas — implica que a contradição no coração do relacionamento senhor–escravo será transcendida. O reconhecimento mútuo substituirá a dominação. Cada um deles passará a ter o todo da liberdade: o poder de exercê-la e o reconhecimento que a faz valer a pena. Assim, Hegel argumenta que a verdadeira liberdade necessita da obediência ao "direito abstrato" de Kant, em particular à lei que nos ordena respeitar todas as pessoas não somente como meios, mas como fins em si mesmas.

Somente isso solucionará as contradições em que de outro modo nos encontraremos em virtude de nossas tentativas de escapar do estado natural.

Muitas ideias são sugeridas pelo paralelo senhor–escravo, e os conservadores não possuem o monopólio de sua interpretação. (Os contornos do argumento de Hegel sobreviveram nas teorias de Marx, através de suas muitas e evolventes versões.) Mas, para o conservador, o argumento é importante como desafio à metafísica fundamental do individualismo liberal. Se Hegel está certo, então a liberdade é um artefato social, nascido do conflito, da submissão e do combate. Além disso, a "igualdade de respeito" que liberais e socialistas estimam ser a fundação da ordem civilizada surge inerentemente contaminada pelo conflito. Tal igualdade deve ser obtida a partir da desigualdade, e o ideal de uma igualdade absoluta, livre das marcas do poder e da dominação, não é mais que uma ilusão. A história da liberdade sobrevive na própria natureza da liberdade, e é uma história de servidão. A liberdade que Hegel nos atribui, portanto, é tanto política quanto profundamente antiutópica.

Fenomenologia do espírito foi a primeira obra madura de Hegel e a chave para todas as suas reflexões subsequentes. Mas não tenta expor uma mensagem política em nenhum detalhe. Em vez disso, reflete sobre os vários estágios através dos quais a consciência é "determinada" e "realizada" na vida do indivíduo. É um relato incomparável da complexidade da vida interior, representada como uma série de transições "dialéticas" — contradições sucessivas e suas resoluções — no progresso do espírito em direção à plena consciência de si mesmo. Em *Princípios da filosofia do direito* (1821), ele aplica a mesma visão dialética à ordem política, na qual a liberdade é realizada como estado coletivo de ser.

A política, para Hegel, é uma elaboração da *Sittlichkeit*, a "vida ética", que é o aspecto público e externo da moralidade. A estrutura da dialética se manifesta na tensão e no conflito entre duas formas de associação — a família e a sociedade civil (*bürgerliche Gesellschaft*) — e na resolução desse conflito no Estado, que é a mais elevada das instituições. Como Burke, Hegel via a família como elemento-chave da ordem política, a esfera de ligações a partir da qual o indivíduo inicia sua jornada para a liberdade e o autoconhecimento. É também a fonte das obrigações não escolhidas, que cercam o indivíduo no nascimento, invadindo sua liberdade antes mesmo de ele a ter verdadeiramente adquirido. Tais obrigações pertencem à família (e são simbolizadas por Hegel através dos deuses familiares romanos, os *penates*). A deslealdade à família é uma forma de deslealdade ao *self*, dado que envolve a rejeição das condições a partir das quais emergem a vontade e a razão. Daí ser parte essencial da liberdade reconhecer obrigações que não foram livremente escolhidas (obrigações de piedade). Todos os argumentos que afirmam que os seres racionais devem (como supõem os liberais) reconhecer a legitimidade dos contratos são também, consequentemente, argumentos que afirmam que eles devem reconhecer legitimidade em alguma outra coisa. É essa outra coisa — a esfera das obrigações não contratuais — que o filósofo conservador precisa descrever e o político conservador defender.

Assim, o casamento, embora comece como contrato, não pode ser compreendido como obrigação contratual. Ele é mais um "laço substancial", e a vida envolvida nele é "vida em sua totalidade — isto é, como a realidade da raça e seu processo de vida". Essa união é uma restrição autoimposta, mas também uma libertação, dado que dota as partes de uma nova consciência em relação à validez de seu mundo comum. Tais relacionamentos são naturalmente dotados de uma qualidade consagrada por aqueles que fazem parte deles, e o senso de obrigação política pode ser visto como recuperação, no mais alto nível, do senso de sagrado que é adquirido pela primeira vez nos laços da vida familiar.

A sociedade civil é a esfera da livre associação e das instituições que surgem por uma "mão invisível" (através do que Hegel chama de "astúcia da razão"). É a arena da filiação espontânea, na qual nos agrupamos nos "pequenos pelotões" de Burke, em empresas, igrejas, clubes e corporações partilhadas. Hegel foi fortemente influenciado pelo conceito de corporação da lei romana, como entidade possuindo deveres e direitos próprios. Como corporações, acreditava ele, as associações espontâneas da sociedade civil adquirem identidade moral. Tais associações estão enraizadas na propriedade privada, através da qual expressamos confiança e afeto em doações e trocas livres. Para Hegel, a propriedade privada é também a natural expressão e realização (*Entäusserung* ou "externalização") da liberdade individual no mundo dos objetos.

Assim como o casamento é não um contrato, mas um laço existencial, está "igualmente distante da verdade basear a natureza do Estado em uma relação contratual [...] a intrusão dessa relação contratual, e dos relacionamentos envolvidos na propriedade privada em geral, na relação entre o indivíduo e o Estado produziu grande confusão tanto na lei constitucional quanto na vida pública". Como Burke, Hegel achava que a ideia de contrato social criava uma ilusão de escolha onde não havia nenhuma, levando-nos a tratar em termos instrumentais um acordo — a soberania legal — que só pode ser adequadamente compreendido como fim em si mesmo.

Hegel não descarta inteiramente a visão de Rousseau. Pois concorda que o Estado é uma pessoa: possui agência, vontade e identidade ao longo do tempo. Concebe planos, possui razões — que podem ser boas ou más — e assume responsabilidade por suas ações. (Ao menos, é assim que se dá com o Estado em sua forma verdadeira ou realizada.) Esse Estado pessoal é "a realização da ideia ética". Seus direitos e deveres transcendem os do indivíduo e, como qualquer pessoa, ele deve ser tratado não como meio, mas como fim em si mesmo: sua sobrevivência não é negociável.

É porque o Estado possui essa identidade como pessoa ética que deve ser diferenciado da sociedade civil. Associada à teoria do contrato social, surge a igualmente inaceitável ideia de que a sociedade civil e o Estado são a mesma coisa, o que implicaria que o pertencimento ao Estado é opcional. Somente ao distinguir claramente o Estado da totalidade das associações civis poderemos compreender a obrigação política, que não é um acordo contratual, como uma sociedade comercial, mas sim um laço vinculativo, comparável, nessa questão, aos laços não contratuais com a família.

Talvez o desenvolvimento mais importante da política moderna tenha sido a emergência de sistemas políticos com um vício oposto ao criticado por Hegel: o vício não de dissolver o Estado na sociedade civil, mas de absorver a sociedade civil no Estado. Esse vício foi exibido pelos jacobinos, que efetivamente proscreveram todas as associações que eles não controlavam, e foi a política consciente dos comunistas na União Soviética e seu império. Todas as instituições autônomas (as "corporações" de Hegel) — que são o âmago da sociedade civil — foram subvertidas, e nenhuma associação era permitida, a menos que estivesse sob controle do Partido, que também controlava o Estado. A história do totalitarismo confirma as duas principais concepções da filosofia política de Hegel: a teoria de que Estado e sociedade civil só podem florescer quando não são confundidos e a teoria de que o Estado, em sua forma correta, possui a identidade e a autoridade de uma pessoa jurídica. Precisamente ao usar o Estado para suprimir todas as corporações e associações autônomas, os totalitaristas colocaram uma máquina impessoal e irresponsável no lugar do governo responsável. Ao destruir a liberdade dos cidadãos, incluindo a liberdade de associação, também destruíram a personalidade do Estado, que se tornou uma espécie de máscara usada pelo conspiratório Partido.

A importância da distinção entre Estado e sociedade civil nem sempre é reconhecida, e foi obscurecida pelo hábito do século XVIII de usar o termo "sociedade civil" para denotar qualquer tipo de ordem política. Hegel talvez tenha sido o primeiro conservador a compreender integralmente que o Estado introduz uma nova ordem de agência, que não pode ser reduzida aos poderes das associações civis nem construída a partir deles. Disso decorre que a liberdade dos cidadãos, garantida pelo Estado, também é ameaçada pelo Estado. O Estado só pode garantir a liberdade ao se retirar da sociedade civil, o que significa que a sociedade civil deve ter uma ordem própria e autossustentável — a ordem associada à "mão invisível" de Smith, ao "preconceito" de Burke e à "astúcia da razão" de Hegel.

Além de defender de maneira plausível e criativa as instituições civis básicas — propriedade privada, lei, direitos civis e contrato —, Hegel aborda sutilmente as características mais delicadas da ordem política, como educação, cerimonial, previdência social e divisão de poderes. Ele não era democrata, embora defendesse a existência de uma representação parlamentar qualificada para aconselhar e corrigir o poder executivo. Ele acreditava que a representação do povo era tanto ameaçada quando sustentada pelo voto e que só poderia existir se mediada por cláusulas constitucionais. A manutenção dessas cláusulas exige a ativa cooperação da maioria, e essa cooperação jamais pode ser assegurada em condições de necessidade. Assim, Hegel defendia a criação de um Estado de bem-estar social. O Estado, sugeriu ele, não pode manter uma relação pessoal com seus cidadãos e, ao mesmo tempo, permanecer indiferente a suas necessidades. Embora suas necessidades não sejam direitos, elas mesmo assim definem os deveres do poder soberano.

Para Hegel, o mercado livre — como cerne da sociedade civil — é o instrumento necessário para a transferência de riquezas. Além disso, argumentou ele, sem acúmulo de capital, não haveria segurança para as famílias nem nenhuma ordem estabelecida a ser passada de geração em geração. O capitalismo, portanto, é a consequência inescapável da distinção entre sociedade civil e Estado e o instrumento necessário para a continuidade social. Ao contrário de Marx, que via o capitalismo como causa da ordem burguesa, Hegel acreditava que o capitalismo era efeito dela. Similarmente, via as distinções de classe como subprodutos da livre associação e da sociedade de corporações, sem as opressivas implicações sugeridas por críticos socialistas posteriores.

Hegel resgatou o indivíduo humano da filosofia do individualismo. Ao ver instituições e indivíduos em sua verdadeira interdependência, ele se opôs tanto às abstrações aprioristicas do liberalismo quanto ao perigoso desejo, que se tornaria parte familiar das polêmicas socialistas, de pôr fim à política — um dos objetivos finais da igualdade e liberdade, em que o poder já não será necessário nem exercido. O entendimento do indivíduo humano como artefato social demonstra que a desigualdade é natural, que o poder faz parte de um bem complexo e que as restrições são um ingrediente necessário da única liberdade que podemos valorizar. A *bürgerliche Gesellschaft* não é nem historicamente transitória nem moralmente corrupta: ela é simplesmente a mais elevada forma de existência ética, na qual a natureza persistente, porém imperfeita, da humanidade é realizada ao máximo.

A influência de Hegel na filosofia política subsequente deve mais à sua filosofia da história que às teorias expostas em *Princípios da filosofia do direito*. Sua visão da inevitável marcha da história de uma época para outra, impulsionada pela mesma dialética que governa o espírito em todas as suas esferas, foi uma das mais danosas de todas as ilusões filosoficamente inspiradas, tendo sido responsável pela crença quase religiosa no progresso e no "fim da história" e inspirado o fetichismo revolucionário dos marxistas (*Filosofia da história*, reunindo preleções realizadas em 1822, 1828 e 1830). De fato, no que concerne à filosofia de língua alemã, após Hegel o século XIX teve pouco a oferecer em termos de conservadorismo, que seria revivido somente no início do século XX, nas teorias sociais e econômicas que floresceram na Áustria e na Hungria.

Os contemporâneos franceses de Hegel incluem vários pensadores considerados conservadores, os dois mais notáveis são Chateaubriand e Maistre. E há um liberal francês cuja importância para o movimento conservador não deve ser subestimada: Alexis de Tocqueville, cujo registro de uma viagem aos Estados Unidos — *A democracia na América* (1835) — é possivelmente o mais influente livro sobre a colonização americana publicado por um autor estrangeiro. Um breve estudo desses três escritores levará o argumento à segunda metade do século XIX, quando o conservadorismo começou a se definir contra novos oponentes e novas perturbações sociais.

O termo "reacionário" (do francês *réactionnaire*) emergiu mais ou menos na época da Revolução Francesa para denotar aqueles que desejavam desfazer todo o projeto e restaurar parte, talvez a maior parte, do que fora destruído. O mais articulado dos reacionários, que também merece lugar na história do conservadorismo, foi o diplomata e conde Joseph-Marie de Maistre (1753–1821), que defendia a doutrina do direito divino dos reis e acreditava que somente a restauração da monarquia Bourbon poderia recolocar a França e o povo francês no caminho do governo justo. Ele via a revolução como desafio à herança cristã francesa e foi um dos principais expoentes do "ultramontanismo", a doutrina teológica que favorece a centralização da autoridade da Igreja católica romana no papado (a fonte espiritual "para além das montanhas", ou seja, dos Alpes). O ultramontanismo triunfou brevemente em 1814, perto do fim da vida de Maistre, com o ressurgimento de sua principal defensora, a Companhia de Jesus. Para Maistre, essa era uma maneira de convocar os franceses à humildade; um modo de o povo francês reconhecer que não podia criar seu próprio sistema de leis e governo, devendo se sujeitar a uma autoridade mais elevada.

Foi por isso que, em seu *Essai sur le principe générateur des constitutions politiques* (1809), Maistre argumentou contra o que via como erro fundamental das teorias liberais, declarando que as constituições não eram criadas, mas descobertas, e que o furor por uma constituição que caracterizou o governo de sua época se devia em parte a uma concepção errônea sobre a constituição americana, que era somente um documento explicitando o espírito já presente no *common law* anglo-americano. Todas as constituições e todos os Estados são inseparáveis da vida interna da associação civil, e a tentativa de separar a constituição do espírito velado do povo significa morte social e política. Para Maistre, as obrigações para com a soberania não podem ser baseadas em contrato ou consenso, mas somente na devoção às coisas estabelecidas. O verdadeiro objeto da obrigação política não é o Estado, mas Deus, e é no dever religioso que se deve fundar a obrigação em relação a todas as instituições humanas. Além disso, é Deus, e não o homem, o criador das constituições e o legislador final, com todos os pensamentos revolucionários franceses a esse respeito sendo nada além de blasfêmias destinadas a reforçar a incompetência humana.

O Iluminismo, com sua ímpia visão da perfectibilidade humana, foi uma manifestação coletiva do pecado do orgulho — uma "insurreição contra Deus". A violência da revolução foi exatamente o que se deve esperar quando as pessoas tentam negar a realidade do pecado original e tomar seu destino nas próprias mãos. Os eventos do Terror foram literalmente satânicos, reencenando a revolta dos anjos caídos e demonstrando o que acontece quando os seres humanos rejeitam a ideia de autoridade e se imaginam capazes de descobrir uma nova forma de governo na liberdade em relação ao governo.

As ideias de Maistre são expostas de maneira brilhante, mas com certo extremismo incontrito. Algumas são ecoadas de forma mais branda por Hegel, que argumenta que "a constituição não deve ser vista como algo criado, mesmo que tenha passado a existir em determinado momento do tempo. Ela deve ser tratada como algo simplesmente existente em si e para si, como divina e, portanto, constante, a ser exaltada acima da esfera das coisas criadas" (*Princípios da filosofia do direito*, § 273).

Também como Maistre, Hegel via a monarquia como manifestação concreta e encenação simbólica da personalidade individual do Estado. Na pessoa do monarca, escreveu ele, "a unidade do Estado é salva do risco de ser arrastada para a esfera da particularidade e seus caprichos, erros e opiniões; da guerra de facções em torno do trono; e do enfraquecimento e deposição do poder do Estado" (§ 281). Os argumentos de Hegel, absorvendo as alegações legitimistas e monarquistas em uma visão fundamentalmente progressista do que está em jogo, mitigam o que frequentemente parece, na pena de Maistre, uma evocação irremediavelmente romântica de formas de vida que desapareceram para sempre, e talvez nunca tenham realmente existido. Mas as posições de Hegel se aproximam das de Maistre quando alega que é perigoso fornecer argumentos utilitaristas para uma instituição cuja autoridade depende, em última análise, da simples devoção. Oferecer razões consequenciais para a monarquia hereditária é "retirar a majestade do trono e arrastá-la para a esfera da argumentação, ignorar seu verdadeiro caráter como imediatismo infundado e interioridade absoluta e baseá-la não na ideia de Estado imanente em seu interior, mas em algo externo a ela, alguma noção extrínseca como 'bem-estar do Estado' ou 'bem-estar do povo'" (§ 281).

Hegel preparava o caminho para a emergente monarquia da Prússia; Maistre chorava a morte da velha monarquia da França. Mas enquanto Hegel era um verdadeiro conservador, desenvolvendo uma teoria da soberania na qual a continuidade, os costumes e a livre associação eram as raízes da ordem legítima, Maistre lamentava o que via como obra do diabo. Ele estava relembrando o povo francês sobre a fé religiosa que o definia, e via a ordem e as instituições políticas como legítimas apenas na medida em que representavam e preservavam a herança cristã.

O ultramontanismo permaneceu uma força na França conservadora do século XIX, e indícios podem ser discernidos no "ressurgimento católico" do século XX, após a Primeira Guerra Mundial. A versão de Joseph de Maistre pode muito bem ser descartada como reacionária, mas devemos ter em mente que, sempre que o conservadorismo se manifestou na França, ele esteve quase que invariavelmente conectado à reverência pela fé católica e à França como dando testemunho dessa fé. Além disso, há uma explicação para o fato de, após a revolução, os conservadores franceses terem se voltado para sua religião ancestral em busca de inspiração, uma explicação baseada, novamente, nas diferenças entre as revoluções americana e francesa.

A Revolução Americana levou a uma constituição que incorporava os resultados do debate e do compromisso, na qual costumes e expectativas há muito estabelecidos foram definidos e endossados. A constituição americana não era uma panaceia ou doutrina abrangente para guiar todas as esferas da vida. Ela deixava os cidadãos no comando, livres para adotar qualquer modo de vida que se conformasse às restrições puramente negativas do governo central — e essa era sua maior virtude. Tudo isso está contido na famosa primeira emenda, que afirma que "o Congresso não criará qualquer lei regulando o estabelecimento de religiões ou proibindo seu livre exercício; restringindo a liberdade de expressão ou de imprensa; ou o direito das pessoas de se reunirem pacificamente e solicitarem ao governo a retificação de injustiças".

Os revolucionários franceses, em contraste, ofereciam uma doutrina total, uma ideologia abrangente que competia diretamente com a religião pela posse da alma humana. A Igreja era o inimigo, e os padres eram forçados a jurar lealdade à revolução, em desafio a seus votos sagrados. Para combater a revolução, portanto, era necessário também retomar o território espiritual que ela tentara conquistar. Somente uma doutrina abrangente, uma visão completa do destino humano, poderia responder à necessidade política do momento e, forçosamente, essa visão completa era a fé que os revolucionários haviam tentado destruir e que permanecera no coração das pessoas, a despeito de todo o sofrimento que haviam suportado em seu nome.

Talvez o mais eloquente porta-voz dessa fé, e o que viu mais claramente que sua restauração estava ligada ao projeto político conservador, tenha sido François-René, visconde de Chateaubriand (1768-1848), uma das mais notáveis figuras literárias e políticas da primeira metade do século XIX, que fez nome, no início dos anos 1800, como autor de histórias exóticas que pretendiam capturar o espírito das tribos nativas americanas que ele visitara quando jovem durante uma viagem aos Estados Unidos. Uma carreira variada e romântica, primeiro como emigrante em Londres; depois no serviço diplomático de Napoleão, do qual se afastou em desgosto por causa do assassinato judicial do duque de Enghien; e finalmente como embaixador e, por um breve período, ministro do Exterior durante a Restauração Bourbon, não distraiu Chateaubriand de sua ocupação primária como escritor de requintada prosa — o póstumo *Memórias de além-túmulo* é um dos grandes clássicos da literatura romântica.

Foram duas as suas principais contribuições para o conservadorismo francês. Primeiro, ele escreveu uma extensa defesa da fé cristã, publicada em 1802 como *O gênio do cristianismo*, que influenciaria decisivamente os intelectuais de sua geração para longe do deísmo e do agnosticismo do Iluminismo. Segundo, demonstrou, em sua vida e em seus textos, que o conservadorismo era uma espécie de renovação estética e espiritual — uma saída para as melancólicas ortodoxias do igualitarismo revolucionário, levando a um mundo de extravagância romântica, subjetividade sombria e estilo exuberante.

De Chateaubriand, decorreram o romantismo francês; as primeiras centelhas do neogótico, o movimento pela conservação da natureza e restauração dos monumentos históricos; e a pronta aceitação, após a Restauração Bourbon, de um governo misto no qual a aristocracia novamente passou a ter papel decisivo. *O gênio do cristianismo* foi bem aceito por Napoleão, uma vez que coincidia com suas iniciativas em relação ao papado e parecia dar força à sua visão de que o que importava não era a verdade, mas sim a utilidade social da fé cristã. Embora, ao contrário de Napoleão, Chateaubriand fosse um homem de fé, ele a descreveu como iluminando todos os costumes e instituições e dotando a vida de uma aura estética capaz de sobreviver às dúvidas meramente intelectuais.

O cristianismo não significava somente crença na encarnação e na ressurreição. Ele se manifestava nos rituais e ritos de passagem, nas cerimônias da Igreja e do Estado, na poesia, arte, arquitetura, literatura e música, na vida religiosa e da sociedade comum. Era uma espécie de gênio, um espírito que fluía através de todas as coisas, recriando-as como símbolos de salvação espiritual. E ele expressou esse argumento em uma prosa que plantou a mensagem no coração de seus contemporâneos. David Cairns, em *Berlioz: The Making of an Artist, 1803–1832* (1989), resume habilmente o impacto de Chateaubriand:

> Para além de seu objetivo específico, *O gênio do cristianismo* criou uma corrente de simpatia entre o autor e toda uma geração de jovens franceses, atiçando sua imaginação em relação a uma ampla variedade de sentimentos e ideias: o poder dos grandes escritores épicos, a natureza em sua imensa diversidade e esplendor, a poesia das ruínas, o encanto do passado distante, a beleza de rituais populares imemoriais e a perturbadora melancolia da música que os acompanha, as pontadas do despertar da consciência e os perigos e ardores da alma adolescente solitária. Mais que qualquer outra obra, foi a cartilha do início do romantismo francês.

Quando jovem, o conde Alexis de Tocqueville (1805–1859), assim como Chateaubriand, fez uma jornada aos Estados Unidos, tendo recebido do rei Luís Filipe a tarefa de investigar o sistema penitenciário americano. Ele viajou muito por lá, explorando as razões pelas quais a catástrofe que se seguiu à Revolução Francesa não atingiu os americanos. O livro que resultou dessa jornada, *A democracia na América* (1835), é uma obra de observação imparcial, notável por descrever tanto a forma externa da política democrática quanto o mundo interno do cidadão democrático.

Tocqueville foi profundamente influenciado pelo liberalismo anglo-americano e, em se tratando de política francesa, não se via nem como revolucionário, nem como pertencente à tendência conservadora. Mas previu o triunfo do espírito democrático na Europa e desejou preparar seus compatriotas, a fim de que pudessem se apoderar das partes boas e recusar as ruins. Em particular, desejava advertir contra o posicionamento da igualdade acima da liberdade no esquema dos valores finais.

Pois o "princípio da igualdade", por meio do qual todas as distinções de status social são gradualmente erodidas, ameaçava se tornar o motor da história moderna. Para Tocqueville, a tendência à igualdade estivera presente desde a Idade Média e, com as revoluções americana e francesa, entrara em seu estágio final. O maior problema enfrentado pela sociedade moderna, de acordo com ele, era reconciliar igualdade e liberdade, na crescente ausência da diversidade de poder que caracterizara os regimes aristocráticos tradicionais. As classes mais baixas minavam as mais altas através da crescente centralização, que erodia a hierarquia social, o regionalismo e o sentimento local, resultando em uma concentração sem precedentes do poder no Estado. Mesmo assim, em uma análise presciente e de muitas maneiras laudatória da constituição americana, Tocqueville reconheceu que o sistema americano encorajava o governo descentralizado, mesmo em uma condição de completa democracia. Também elogiou a constituição como personificação das expectativas democráticas, ao mesmo tempo em que retinha os mecanismos pelos quais os lapsos da política democrática podiam ser corrigidos.

Tocqueville descreveu o julgamento por júri anglo-americano como sistema político que expressava a soberania do povo na sala de audiências e concluiu que a independência judicial nos Estados Unidos concedia ao judiciário parte da influência estabilizadora e do privilégio político inerentes à aristocracia europeia. Graças a essas instituições, os piores efeitos da obsessão pela igualdade eram evitados.

Ele também alertou contra o que chamou de "despotismo democrático", quando os sentimentos da maioria reúnem força suficiente para passar por cima dos direitos das minorias. A busca política pela igualdade dá origem à perda da individualidade, da autoconfiança e da facilidade de socialização, consequentemente tendendo na direção da uniformidade e passando a ver a excentricidade como ameaça. Não apenas a liberdade, mas também a cultura e as distinções intelectuais são ameaçadas pelo processo equalizador; as distinções de classe começam a ser substituídas por distinções de status cada vez mais arbitrárias, sem os atributos dignificantes da cultura e do ócio que poderiam, de outro modo, levar a sua aceitação.

O "fantasma imperfeito da igualdade" assombra a mente de todos, destruindo a obediência, a honra e a capacidade de comando, de modo que as pessoas, cada vez menos capazes de encontrar conforto na ordem social, são confinadas à solidão de seus corações. Até certo ponto, essa tendência à fragmentação é contida pelo talento americano para a associação, que leva à proliferação de clubes, igrejas e sociedades nos quais hierarquias duradouras e cordiais são recriadas. Dessa maneira, Tocqueville descobriu nos Estados Unidos os "pequenos pelotões" que haviam sido tão impiedosamente destruídos pelos jacobinos na França.

Em *O antigo regime e a revolução* (1856), ele fez um relato altamente influente das causas e efeitos da Revolução Francesa, argumentando que as revoluções ocorrem quando as coisas começam a melhorar ou quando dão errado após um período de melhoria — uma visão que muitos viram confirmada na história subsequente. Embora a revolução acelere a mudança real, essa mudança — na direção da centralização, da burocratização e do crescente nivelamento da hierarquia social — não é causada pela revolução, mas a precede, sendo em si mesma uma das principais causas da radicalização, uma vez que mina os antigos privilégios que tornavam possíveis as medidas preventivas. Tocqueville culpava a antiga aristocracia por grande parte de sua perda de poder; ela se tornara uma casta e, ao contrário da nobreza inglesa, se mostrara disposta a trocar poder político por exclusividade social e privilégios fiscais, tornando-se tanto detestável para a maioria quanto incapaz de defender a si mesma.

Cada um à sua maneira, Maistre, Chateaubriand e Tocqueville rejeitaram algum aspecto do Iluminismo — a soberania popular no caso de Maistre, o secularismo no de Chateaubriand e o igualitarismo no de Tocqueville. Embora partilhando o desejo dos revolucionários por uma visão completa do destino humano, os três foram críticos passionais da Revolução Francesa e seu legado niilista, que permitiu a ascensão de Napoleão. Depois deles, o conservadorismo na França fez uma passagem tumultuada pelas sucessivas monarquias e repúblicas, até que o surgimento simultâneo do agressivo nacionalismo alemão e do socialismo republicano francês transformou inteiramente sua agenda. Mas a nova missão do conservadorismo como resposta sistemática ao socialismo só adquiriu essa forma no fim do século XIX. Outras preocupações ocuparam a mente conservadora durante a segunda metade daquele século, enquanto as sociedades se moviam rapidamente das formas agrárias para as formas industriais de produção. Esse desenvolvimento nos leva de volta à anglosfera, em particular à Inglaterra, onde a Revolução Industrial primeiro se fez sentir.

4.

Conservadorismo cultural

Entre 1688 e 1832, a Inglaterra gozou do que foi, para os padrões europeus, um raro período de estabilidade, com a ordem interna perturbada apenas pelos breves Levantes Jacobitas. Durante esse período, o país passou por amplas mudanças constitucionais, incluindo os tratados de união com a Escócia e a Irlanda, a remoção final das restrições sofridas pelos católicos (a Lei de Ajuda Católica de 1829) e a extensão do direito ao voto da Lei de Reforma de 1832. A Lei de Reforma levou à criação de partidos políticos, incluindo o Partido Conservador, e, consequentemente, o direito ao voto se tornou um item fixo da agenda política.

De modo geral, esses desenvolvimentos podem ser vistos como movimento constante na direção da soberania popular defendida pelo liberalismo iluminista. Mas a estabilidade necessária para sua concretização dependia da crescente prosperidade do país, através do comércio ultramarino e da industrialização doméstica. Ambos os fatores transformaram profundamente a Grã-Bretanha. O comércio ultramarino levou ao surgimento de um império, adquirido, nas famosas palavras do historiador Sir John Robert Seeley, "em um momento de distração", e a um novo tipo de soberania multinacional;[1]

---

[1] *The Expansion of England*. Londres, 1883.

e a industrialização levou a vastas mudanças demográficas, com a população se movendo do interior para as cidades e as cidades crescendo para recebê-la.

A caminho das cidades, entrou no palco da história mundial sua mais comentada protagonista, a "classe trabalhadora". Inicialmente, ela foi composta de pessoas desarraigadas da terra, empregadas em amplas forças de trabalho no chão das fábricas e vivendo em cidades que pouco faziam para atender a suas necessidades sociais e espirituais. Algumas décadas mais tarde, contudo, a classe trabalhadora tinha instalações próprias, criara em torno de si uma cultura e um senso de identidade, exigia representação no Parlamento e conseguira um defensor no movimento cartista. As teorias sociais que explicavam essa classe e as doutrinas políticas que a defendiam assumiram posição central nos debates da época, e, durante o século XIX, essas teorias e doutrinas se uniram no movimento socialista. Na virada do século XX, já não era contra o liberalismo que o conservadorismo se definia, mas contra o socialismo, em particular a concepção socialista de Estado.

Entrementes, todavia, outra forma de conservadorismo emergira, uma que não tinha as instituições políticas e os poderes do governo como assunto primário, focando na cultura. Um dos efeitos das transferências de população do fim do século XVIII e início do século XIX foi remover as pessoas de suas raízes religiosas e sociais e, consequentemente, destronar a Igreja anglicana, que era e sempre fora uma instituição predominantemente rural. Capelas não conformistas começaram a surgir nas cidades, ao mesmo tempo em que os clamores pela emancipação católica se intensificavam, em seguida ao Tratado de União com a Irlanda, de 1800, que deu à ampla população irlandesa católica o mesmo status de ingleses, galeses e escoceses. Com atraso, os escritores ingleses começaram a tratar das grandes questões que haviam animado Chateaubriand — as questões sobre o lugar do cristianismo na sociedade civil e sobre as relações entre Igreja e Estado.

Isso ocorreu em uma época na qual o movimento pela reforma radical se movia em uma nova direção, afastando-se do liberalismo e aproximando-se da defesa de planos sociais abrangentes. Mesmo os oponentes da Revolução Francesa não podiam deixar de observar que as coisas antigas estavam sendo rapidamente varridas pela Revolução Industrial e que as instituições antigas precisavam ainda mais de reforma, a fim de acomodar as mudanças da sociedade civil. Na França, a tendência eram programas de longo alcance, frequentemente utópicos, de governo das sociedades humanas, onde e quando quer que pudessem ter surgido. Esses programas já não mencionavam a liberdade individual como valor político primário, defendendo, em vez disso, a "razão" e o "progresso" — progresso na direção de uma comunidade cooperativa, como anunciada por François Marie Charles Fourier (1772–1837), ou de uma sociedade reorganizada de cima para baixo com base em princípios socialistas, como nos textos de Claude-Henri de Rouvroy, o conde de Saint--Simon (1760–1825). Essas visões progressistas foram assimiladas em uma espécie de religião secular pelo secretário de Saint-Simon, Auguste Comte (1798–1857), inventor do termo "sociologia" e fundador da igreja do positivismo.

Uma mudança similar, embora mais branda, ocorreu na Inglaterra, afastando-se do liberalismo e movendo-se na direção da nova filosofia do "utilitarismo", que propunha a felicidade, e não a liberdade, como objetivo da moralidade e da lei. Seu principal expoente, Jeremy Bentham (1748–1832), era um oponente da ideia liberal de direitos naturais e argumentava que as leis deviam ser justificadas por seus efeitos na promoção da felicidade geral, da qual forneceu um retrato exótico e quantitativo. *Uma introdução aos princípios da moral e da legislação* (1789), de sua autoria, tornou-se a bíblia de uma nova espécie de reformadores políticos, entre os quais James Mill (1773–1836), líder dos autodenominados "radicais filosóficos", e seu filho, o filósofo liberal John Stuart Mill (1806–1873).

Nas primeiras décadas do século XIX, portanto, os pensadores de mente conservadora já não consideravam o liberalismo e a soberania popular como alvos. A ansiedade em relação à perda das raízes religiosas, o efeito desumanizador da Revolução Industrial e os danos ao antigo e estabelecido modo de vida, juntamente com a repulsa às novas formas de opinião "progressista", que pareciam tratar todas as questões morais e legais como enigmas matemáticos a serem solucionados pelo cálculo — tudo isso criou a sensação de que algo precioso estava em risco no desdobrar do novo século. Assim surgiu um movimento, no interior do conservadorismo intelectual, que propunha a cultura como remédio para a solidão e alienação da sociedade industrial e também como a coisa mais ameaçada pelos novos defensores da reforma social. O movimento começou com Coleridge e continuou com John Ruskin e Matthew Arnold, até chegar a T. S. Eliot e F. R. Leavis na Inglaterra do século XX e a seus contemporâneos "agrários sulistas" nos Estados Unidos.

O poeta Samuel Taylor Coleridge (1772–1834) fez uma das primeiras tentativas de adaptar a visão filosófica de Kant e dos primeiros idealistas alemães à avaliação da condição social na Inglaterra, assumindo uma posição contra o que considerava uma visão fragmentada da sociedade, característica do empirismo inglês. Ele era particularmente hostil às teorias utilitaristas de Bentham e argumentou que os valores humanos não podem ser compreendidos pelo que Bentham chamou de "cálculo felicífico", que mede o valor de nossas ações em termos do prazer e da dor que delas resultam. Coleridge rejeitava a ideia de que o progresso humano é um movimento linear impulsionado pelo conhecimento científico e sentia que o racionalismo iluminista de seus contemporâneos ignorava as relações instintivas entre as pessoas, que formavam o verdadeiro laço da sociedade.

Nesse sentido, Coleridge estava próximo de Chateaubriand, buscando o espírito que fora personificado na religião e que os modos iluministas de pensar haviam afugentado de seus muitos santuários. Ele foi o primeiro de uma longa linha de pensadores ingleses que defenderam a intervenção governamental na economia a fim de reduzir a pobreza, fornecer educação e partilhar parte da prosperidade coletiva com aqueles que, embora não por culpa própria, foram privados dela. Desse modo, estabeleceu a agenda dos conservadores culturais subsequentes que se opunham à desabrida economia de livre mercado.

Coleridge defendeu as instituições do anglicanismo e, em *On the Constitution of the Church and State* (1830), tentou reconciliar as demandas da ordem política e da constituição com as necessidades mais instintivas personificadas pelas instituições religiosas. Aqui, como em outros lugares, defendeu a visão de que a cultura é um mediador indispensável entre a lei explícita e o sentimento social implícito e afirmou a importância da *"clerisy"*, ou classe esclarecida, à qual a cultura de uma nação é consignada e que, ao tomar decisões informadas em nome dessa cultura, age em sintonia com os profundos e não vocalizados instintos do povo:

> A *clerisy* de uma nação, ou igreja nacional, em sua acepção primária e intenção original, compreendia os esclarecidos de todas as denominações: os sábios e professores da lei, da jurisprudência, da medicina, da fisiologia, da música, da arquitetura civil e militar, e das ciências físicas, cujo *órgão* comum é a matemática; em resumo, todas as chamadas artes e ciências liberais, assim como as teológicas, cuja posse constitui a civilização.

Essa passagem ilustra tanto a natureza impulsiva do pensamento de Coleridge quanto sua fé distintamente moderna no papel do intelectual, do qual foi o primeiro propagandista na Inglaterra, a despeito de sua concepção ligeiramente medieval da igreja estabelecida. Seus argumentos pela indispensabilidade da cultura modelaram muitas das expressões do conservadorismo cultural do século XIX, além de terem despertado J. S. Mill para as falhas do credo utilitarista. A importância de Coleridge jaz parcialmente em sua tentativa de se basear no idealismo alemão, e não no empirismo inglês, para formular um retrato integral da vida política. Infelizmente, embora tenha lido e ficado intrigado com a *Lógica* de Hegel, ele parece não ter lido *Princípios da filosofia do direito*, que poderia ter aclarado seus objetivos intelectuais.

A agenda do conservadorismo cultural se torna mais clara nos textos de seu maior expoente inglês, John Ruskin (1819-1900), o escritor, pintor e crítico social que apresentou uma visão altamente elaborada e conflitante da herança católica e seu valor insubstituível. É a Ruskin que sociedades modernas de conservação, como o National Trust e a Society for the Preservation of Ancient Buildings, devem sua inspiração original, e suas belas descrições do significado espiritual de praticamente tudo em que punha os olhos o marcaram como sumo sacerdote do modo estético de vida.

Ruskin começou sua carreira literária com impactantes livros sobre pintura e arquitetura, incluindo *Pintores modernos* (1843-1860) e *As pedras de Veneza* (1851-1853). Mas essas obras já anunciavam sua verdadeira vocação como crítico social e moralista. Ele via na arte do passado uma integridade espiritual e uma coesão social que acreditava estarem desaparecendo do mundo do capitalismo industrial. Tudo que é mais valioso na vida depende de transcendermos o estímulo do lucro e o espírito calculista. A era das máquinas degradara o trabalho, transformando-o em meio; fizera o mesmo com o tempo livre — e, consequentemente, com a arte. Para os artesãos medievais, o trabalho era um ato de piedade, santificado a seus próprios olhos e aos olhos de Deus. Para tais trabalhadores, fins e meios eram a mesma coisa e a integridade da fé era traduzida na integridade visual e na pureza de suas obras. Daí seu ofício ser também uma arte, um testemunho permanente da realidade, na terra, da redenção espiritual da humanidade.

A partir de tais ideias, Ruskin montou uma constante e passional defesa do neogótico na arquitetura, denunciando quase todos os edifícios de sua época como produtos insensíveis da máquina do lucro. Ele era fervorosamente antiutilitarista e anticapitalista, mas, mesmo assim, distanciou-se do socialismo, escrevendo desdenhosamente sobre os valores igualitários e materialistas esposados pelos socialistas. Talvez seja mais acurado descrevê-lo (como ele fazia) como *tory* — embora de um tipo altamente peculiar e romântico, uma versão protestante de Chateaubriand, mas manifestamente sem a imensa destreza sexual do francês. (Sua visão atormentada das mulheres, focando em sua intocável pureza e preciosidade e, consequentemente, sua oculta realidade como crianças, é responsável por algumas das passagens mais constrangedoras de sua prosa.)

As ideias de Ruskin vinham da arte e de brilhantes insights sobre o significado moral e espiritual da iniciativa estética. Mas ele aplicou essas ideias à esfera social com inflexível elitismo. Seus textos sociais são na realidade sermões laicos exortando seus compatriotas à moralidade cristã, às obras devotas e à aceitação de uma fé na qual ele mesmo só acreditava parcialmente. Ele escreveu de maneira intensa (e, para uma feminista, chocante) sobre as diferenças entre os sexos (*Sesame and Lilies*, 1865) e considerava que as classes trabalhadoras precisavam mais de uma declaração de deveres que de uma lista de direitos (*Fors Clavigera*, uma série de "cartas aos trabalhadores e operários da Grã-Bretanha", publicadas durante os anos 1870). Seu estilo cuidadosamente aprimorado às vezes beira o sentimentalismo e expressa, em seu próprio ritmo, um senso de desapontamento com a espécie humana, juntamente com a lembrança das visões angelicais com as quais sua vida começara.

Muitos acusam o conservadorismo de não ser mais que uma altamente elaborada obra de luto, uma tradução, para a linguagem política, do anseio pela infância que jaz profundamente em todos nós. A prosa de Ruskin fornece alguma substância a essa acusação.

Felizmente, todavia, ele não é o único ou mesmo o mais reconhecido defensor do conservadorismo cultural em face da economia e do Estado modernos. Um de seus contemporâneos, o poeta Matthew Arnold (1822-1888), foi um expoente do conservadorismo cultural que claramente não se iludiu acreditando que a fé da qual nossa cultura basicamente deriva possa ser restaurada em qualquer coisa parecida com a forma que deu origem ao mundo encantado da catedral gótica. Em seu grande poema "Dover Beach" (1867), ele se refere ao "mar da fé" e seu "melancólico, longo e cada vez mais distante rugido", sugerindo que as pessoas modernas devem encontrar com seus próprios recursos, em particular a partir do amor pessoal, uma maneira de manter a ordem interna da qual a estabilidade externa depende. E é precisamente por isso, acreditava Arnold, que devemos respeitar o legado da cultura, que nos fornece o conhecimento social do qual necessitamos, tenhamos ou não uma fé religiosa na qual apoiá-lo.

Em *Culture and Anarchy* (1869), Arnold definiu a cultura como "busca por nossa perfeição total, por meio do conhecimento, em todas as questões que nos concernem, do melhor que já foi pensado e dito no mundo e, através desse conhecimento, do influxo de pensamento novo e livre em nosso repertório de noções e hábitos". Ele argumentou que a cultura e o acesso à cultura são essenciais para o correto direcionamento do poder político e que, sem eles, não há como se obter uma concepção verdadeira sobre os fins da conduta humana, mas somente uma obsessão mecanicista com os meios. Ele criticou grande parte do "repertório de noções" do liberalismo e do utilitarismo do século XIX, em razão de suas visões materialistas, racionalistas e individualistas do progresso humano.

Para Arnold, o conceito de liberdade, do qual depende grande parte do pensamento liberal, é abstrato demais — "uma excelente montaria, mas que deve ir em direção a algum lugar" — e não fornece nenhuma razão séria para se opor ao Estado em seu nome. O

Estado é "o poder atuante representativo da nação" e, consequentemente, deve ter poder para agir tanto em nome da liberdade quanto em nome da ordem. Sem ele, a vida pública sempre é desviada na direção dos interesses de uma ou outra classe, das quais Arnold distinguia três: os "bárbaros", ou aristocracia; os "filisteus", ou classe média; e a "populaça", ou classe trabalhadora. Quando isso acontece, o resultado é a anarquia; contudo, no interior de cada classe há um espírito que se opõe à anarquia e se dedica ao bem comum e à ordem pública: este é o espírito que a cultura desperta, nutre e refina. Para chegar à ordem política, portanto, o Estado deve garantir a transmissão da cultura, o que significa que a educação humana deve estar tão amplamente disponível quanto possível.

Durante parte de sua vida, Arnold foi inspetor escolar, numa época crucial na qual eram feitos preparativos para a implementação de um sistema de educação universal. Ele partilhava a convicção de seu pai, Thomas Arnold, o famoso diretor de Rugby, de que a ordem social dependia do "caráter" e o caráter era a real preocupação das escolas. Via a atitude utilitarista e tecnológica dos "filisteus" — ou seja, os donos de propriedade, os capitães da indústria e os burocratas — como ameaça à harmonia social de longo prazo, uma vez que erodia o senso de valor intrínseco. A verdadeira educação seria capaz de restaurar esse senso ao apresentar ao estudante "o melhor que já foi pensado e dito" na arte, na literatura e nos estudos acadêmicos da humanidade. Embora o conservadorismo de Arnold repetisse as restrições de Burke em relação ao individualismo e enfatizasse a continuidade social e a tradição em termos não diferentes dos dele, seu alvo real não era tanto o liberalismo, mas sim a crença mecanicista no "progresso" material e nos valores utilitaristas da nova geração de reformadores sociais.

Na época em que Ruskin e Arnold escreveram, as vastas mudanças demográficas e econômicas da era vitoriana estavam em pleno vigor e, com a Lei de Representação Popular, de 1867, amplas seções da classe trabalhadora obtiveram direito ao voto. Na maioria dos casos, os pensadores conservadores aceitaram a ampliação do direito ao voto e foi um político conservador, o romancista e duas vezes primeiro-ministro Benjamin Disraeli, conde de Beaconsfield (1804-1881), o responsável por introduzir a mudança no Parlamento, promovendo a filosofia exposta no prefácio de seu romance *Sybil, or The Two Nations* (1845). Nesse romance, Disraeli escreveu sobre a divisão do reino entre os proprietários das fábricas e as pessoas que nelas trabalhavam e sobre a necessidade de unir as classes na "nação única" que partilhavam. No geral, os conservadores culturais partilhavam suas reservas em relação ao capitalismo industrial e sua crença de que a ativa intervenção estatal era necessária para melhorar as condições dos pobres. Mesmo assim, eles se atinham à crença nas coisas da mente — educação, arte e valores estéticos — e, para todos eles, era a beleza, e não a utilidade, que permanecia no topo da agenda política.

Isso levou a um interessante paradoxo, evidente também nos conservadores culturais do século XX. O conservadorismo cultural se originou na experiência de um modo de vida que estava sob ameaça de desaparecer. A memória daquele modo de vida podia ser preservada e seu significado espiritual podia ser reverenciado em obras de arte. Mas o modo de vida em si não podia ser tão facilmente protegido. Deveríamos então apelar ao Estado para subsidiar um estilo de vida moribundo, estabelecendo parques de vida selvagem como aqueles de *Admirável mundo novo*, de Aldous Huxley, nos quais a vida agrária se arrasta, inconsciente do mundo que jaz para além de seu perímetro delicadamente policiado? Ou deveríamos nos devotar, em vez disso, à *ideia* da coisa que estamos destinados a perder, mantendo-a viva na arte, como fizeram Strauss e von Hofmannsthal ao perpetuar a doce sedução da vida aristocrática em *Der Rosenkavalier* ou D. H. Lawrence ao celebrar a estreita coesão das antigas comunidades mineiras em *Filhos e amantes*? Mas então a quem tais obras de arte deveriam ser endereçadas? Necessariamente àqueles que se tornaram conscientes do antigo modo de vida como algo perdido, algo que pode ser preservado apenas de forma estética. Para seus praticantes, nada significaria preservar seu modo de vida como *ideia*, em vez da realidade de sua presença no mundo. Expondo de maneira mais severa, a cultura se torna um objeto de conservação somente quando já foi perdida.

Mas então não é a tradição de refletir nosso modo de vida — a arte, a literatura e a música através das quais fazemos um esforço de permanência — a coisa que realmente valorizamos? Não é isso que desejamos preservar dos filisteus, utilitaristas e progressistas, cujo materialismo vazio ameaça nos afastar de nossa verdadeira herança espiritual? Não é aqui, no reino da "alta cultura", que a batalha deve ser encenada? Parece-me que foi através da ponderação de tais questões que a causa do conservadorismo cultural avançou, tornando-se uma batalha sobre o currículo acadêmico e uma tentativa de recuperar os pensamentos e sentimentos que haviam sido nele destilados.

Ninguém exemplificou melhor a transferência de atenção da política para a prática artística que o poeta anglo-americano Thomas Stearns Eliot (1888–1965), cujos poemas, peças e ensaios tiveram efeito transformador na filosofia conservadora do século XX. Eliot foi um modernista na literatura, fazendo mais que qualquer outro escritor contemporâneo para resgatar a poesia inglesa de seus arcaísmos vitorianos e devolvê-la à corrente principal da literatura europeia. Ele desenvolveu um estilo lacônico e alusivo, muito influenciado por Baudelaire, Laforgue e pelo simbolismo francês, mas tratando diretamente do que acreditava ser a crise espiritual da civilização moderna. Em *The Waste Land* (1922), Eliot evoca o estéril cenário espiritual da cidade, convocando os sentimentos de perda e vazio que se seguiram à vitória vazia da Primeira Guerra Mundial e fornecendo a imagem inesquecível de um lugar, uma civilização e uma sociedade suspensos no vácuo, sem esperança clara de renovação. O poema foi publicado pela primeira vez em *The Criterion*, revista fundada por ele em Londres para propagar sua distinta visão da literatura. Através dessa visão, ele reformulou o cânone dos clássicos ingleses e modificou inteiramente a percepção erudita sobre o que é importante na literatura do passado.

Embora *The Waste Land* evoque uma condição de desolação espiritual, ele o faz em termos saturados de alusões religiosas e literárias, criando a sensação de que essa desolação só é perceptível porque há algo mais — uma ordem ideal, um estado de realização espiritual e uma tradição artística que personificam essas coisas — através do que ela pode ser percebida e talvez mesmo renovada. Com o tempo, Eliot se viu atraído para a religião anglo-católica, tornou-se um articulado apologista da doutrina e do ritual da Igreja anglicana e defendeu um tipo de recuo para a alta cultura como recurso espiritual com o qual combater o ateísmo da sociedade moderna. Em *A ideia de uma sociedade cristã*, publicado às vésperas da Segunda Guerra Mundial, em 1939, ele delineou as estruturas e instituições sociais que seriam necessárias se a civilização europeia quisesse retornar da borda da destruição total e acolher novamente sua herança cristã, que ele afirmava ser a única garantia de sobrevivência para o continente. E, em *Quatro quartetos* (1943), apresentou uma visão quase monástica em versos de enorme poder, que ajudaram a modelar o pensamento conservador nas décadas posteriores à guerra. Uma das mensagens do poema é que a tradição espiritual que em nossas vidas cotidianas parece morta e enterrada persiste nos locais e símbolos sagrados. É uma espécie de revelação da nação e de nosso próprio pertencimento social e, ao abrirmos nossos corações para ela e permitirmos que o presente seja preenchido com os resíduos do passado, recuperamos o que poderíamos ter perdido.

O conservadorismo cultural promoveu o estudo, através da literatura, dos grandes problemas de definição que os conservadores haviam encontrado em sua centenária tentativa de se tornarem conscientes de sua própria mensagem. Conceitos que parecem extremamente obscuros ou multiformes no fórum do debate político — como tradição, ordem, realismo e sinceridade — também têm função na crítica literária, onde podem ser abastecidos de exemplos e ter seu valor explorado. A ortodoxia, que tão frequentemente parece um caminho incerto no cenário político, possui um itinerário claro na literatura, e conceitos como centralidade e autoridade, tão necessários ao conservadorismo em todas as esferas, possuem clara aplicação no mundo da arte, no qual Bach, Michelangelo, Tolstoi e Shakespeare estabeleceram padrões que não podem ser negados ou ignorados.

Assim, no celebrado ensaio "Tradição e talento individual" (1919), publicado em *The Sacred Wood* (1921), Eliot argumentou que a originalidade e a sinceridade exigidas do artista não podem ser alcançadas em isolamento, que cada nova obra adquire seu poder expressivo através da tradição que abre espaço para ela e que, em todas as esferas, a tradição é um processo de contínua adaptação do velho para o novo e do novo para o velho. Sem tradição, a originalidade não é significativa nem verdadeiramente perceptível, e essa visão evolucionária da tradição é claramente aplicável à sociedade civil como um todo. Esse ensaio deixou profundas marcas na crítica literária e na prática da poesia. Mas sua lição também foi aprendida e repetida pelos filósofos políticos.

Durante algum tempo, os conservadores culturais foram uma presença autoritária na vida literária inglesa, abertamente em guerra contra "progressistas" como George Bernard Shaw, que os considerava excêntricos nostálgicos. Entre suas importantes obras, estão incluídas as defesas do cristianismo de G. K. Chesterton (*Ortodoxia*, 1908; *O homem eterno*, 1925) e C. S. Lewis (*Cristianismo puro e simples*, 1952, baseado em discursos radiofônicos da época da guerra). O estilo de Chesterton pode ser entrevisto em sua habilidosa resposta ao socialismo progressista de Shaw:

Após criticar grande número de pessoas durante grande número de anos por não serem progressistas, o sr. Shaw descobriu, com característico bom senso, que é pouco provável que qualquer ser humano de duas pernas possa ser progressista. Tendo deixado de acreditar que a humanidade possa ser combinada com o progresso, a maioria das pessoas, fáceis de satisfazer, teria escolhido abandonar o progresso e manter a humanidade. O sr. Shaw, não sendo fácil de satisfazer, decidiu jogar fora a humanidade, com todas as suas limitações, e perseguir o progresso pelo progresso. Se o homem como o conhecemos não é capaz de uma filosofia do progresso, o sr. Shaw exige não um novo tipo de filosofia, mas um novo tipo de homem. É como se, durante alguns anos, uma babá tivesse tentado oferecer uma comida bastante amarga a um bebê e, ao descobrir que não era adequada, em vez de jogar fora a comida e exigir uma nova, jogasse o bebê pela janela e exigisse um novo (*Os hereges*, 1905).

Foi na esteira das realizações literárias de Eliot que a mais recente onda de conservadorismo cultural varreu a educação inglesa. Isso foi obra de um crítico literário, F. R. Leavis (1895–1978), que, através do periódico *Scrutiny*, que fundou em 1933, e de obras como *Education and the University* (1943), defendeu o ensino do inglês como contramedida para as maneiras "tecnológico-bentamianas" de pensar que, desde a Revolução Industrial, haviam causado tantos danos à herança cultural do país. A disciplina, concebida não meramente como estudo da língua e sua carga de cultura instintiva, mas como ampla reflexão crítica sobre a "grande tradição" da literatura inglesa, seria o centro da educação humana. Ela deveria oferecer ao estudante um caminho de volta à comunidade orgânica que os utilitaristas e acadêmicos haviam conspirado para marginalizar e abriria os corações dos jovens para o que estava em jogo no mundo moderno, e que era a persistência da "vida sentida" como descrita por Henry James: um artigo a ser encontrado em abundância nas grandes obras de nossa tradição. A verdadeira literatura não vende ao leitor um substituto sentimental para a vida, à maneira (como supunha Leavis) da cultura popular, mas oferece a própria vida, sincera, direta e imbuída do espírito do solo.

Leavis não era religioso, via com suspeita a virada tardia de Eliot em direção à fé anglo-católica e se recusava categoricamente a se descrever como conservador. Não há dúvidas, entretanto, de que seus textos cruciais — *New Bearings in English Poetry* (1932), *Revaluation* (1946) e *The Great Tradition* (1948) — tocaram o mesmo ponto central que Coleridge, Ruskin, Arnold e Eliot. O efeito desses textos em uma geração de professores ingleses e escoceses foi enorme, e durante certo tempo o "leavismo" se tornou um movimento reconhecível nas escolas inglesas. O professor leavista era rigoroso em seus julgamentos, chocava-se facilmente com qualquer desvio da ortodoxia, comunicava com urgência um tipo de visão puritana das pessoas comuns e sua cultura, e defendia Bunyan, Wordsworth e D. H. Lawrence como porta-vozes da real herança das terras de língua inglesa.

Mas, apesar de sua importância para a Inglaterra e seu império, o conservadorismo cultural não ficou confinado à anglosfera. A reação contra o Iluminismo foi sentida em toda a Europa e, nos países de língua alemã da Europa central, levou às primeiras centelhas do nacionalismo romântico que dominaria a vida cultural em meados do século XIX. A principal figura aqui é o filósofo e crítico Johann Gottfried von Herder (1744-1803), o verdadeiro originador da visão leavista da linguagem como encapsulando as experiências comuns e a identidade histórica de um povo.

Em 1762, ainda adolescente, Herder frequentara as aulas de Kant em Königsberg e escreveu parcialmente em reação à visão liberal da ordem política daquele filósofo. Para Kant, o Iluminismo foi o momento de maturidade moral da humanidade, quando o indivíduo livre emergiu da prisão dos costumes e da superstição. Guiado pela luz da razão, tal indivíduo adotaria a lei moral universal comandada pela razão. O argumento de Kant em favor dessa posição não persuadiu Herder, que acreditava que ela fornecia uma descrição muito superficial dos motivos morais, reduzindo os seres humanos a sombras supercivilizadas. Para Herder, havia na psique humana uma profunda distinção entre civilização, que é a esfera do cálculo racional e da construção de instituições, e cultura, que é o temperamento partilhado de um *Volk*. A cultura é o que une os seres humanos em ligação mútua e consiste em linguagem, costumes, contos folclóricos e religião popular.

Ao expor essa ideia, Herder propôs a Alemanha medieval como ícone cultural, no lugar do ideal clássico grego adotado até então (*Ideas on the Philosophy of the History of Mankind*, 1784-1791). Ele também iniciou a prática de coletar e publicar poemas e histórias populares, inspirando a obra subsequente de Achim von Arnim e Clemens Brentano (*Des Knaben Wunderhorn*, 1805-1808) e as coleções de contos folclóricos dos Irmãos Grimm (1812).

Herder era clérigo protestante e seu nacionalismo romântico é inseparável de sua ligação com a Bíblia de Martinho Lutero, a grande obra que ensinou os alemães comuns a ler e dotou sua linguagem de duradoura ressonância espiritual. Herder lamentava o fato de Lutero não ter fundado uma igreja nacional, o que teria fornecido fundações duradouras para uma cultura alemã unificada. Escritores nacionalistas subsequentes viram o sentimento nacional mais como alternativa à religião que como forma dela, e reconheceram que Lutero fora tão responsável pelas divisões entre o povo alemão quanto pela linguagem que os unificara. Em pouquíssimo tempo, o conservadorismo cultural iniciado por Herder se tornou uma espécie de radicalismo político, influenciando as revoluções de 1848, nas quais os alemães reivindicaram uma identidade partilhada no interior de fronteiras que os uniriam em um único Estado-nação. Essa história subsequente está além do horizonte deste livro. Mas é válido notar que o nacionalismo alemão, por mais radical que tenha se tornado em termos políticos, deveu sua inspiração original exatamente ao mesmo conservadorismo cultural que levou os ingleses ao neogótico e ao National Trust e, na França, ao romantismo exuberante de Chateaubriand e à restauração das áreas rurais católicas.

Nos Estados Unidos, a história é um pouco diferente. A divisão entre os estados do sul e do norte da nação, que culminou na guerra civil, mas tinha profundas raízes na história colonial, estava associada a ideias conflitantes sobre a colonização americana. A cultura empreendedora e puritana de Massachusetts foi contraposta à ordem feudal e aristocrática da Virgínia de Jefferson, e, quando o conservadorismo cultural emergiu durante o século XIX, seu foco estava no modo agrário de vida que Jefferson desejara conservar como fundação da ordem política estabelecida. Quando escritores e filósofos do norte se afastavam do mundo do progresso material, frequentemente buscavam, como Henry David Thoreau (1817–1862), refugiar-se na solidão. A natureza, como descrita em *Walden* (1854), de Thoreau, não é a movimentada fazenda com casarão de Jefferson, mas o ermo, o lugar onde estamos sozinhos com nossa alma. Lá, comungando com a natureza, o filósofo pode contemplar a "vida plácida", composta de "simplicidade, magnanimidade e confiança". As instituições são completamente desnecessárias para essa forma de vida, pois, em todas as coisas, devemos buscar uma heroica independência — tal é a mensagem que emerge da névoa sobre o lago Walden, e é uma mensagem que repudia os assentamentos rurais que inspiraram a visão jeffersoniana de ordem política.

O conservadorismo cultural só se tornou uma força real na sociedade civil americana no século XX, quando um grupo de doze escritores que se definiram como agrários sulistas publicou o manifesto *I'll Take My Stand* (1930), sob a liderança não oficial do poeta John Crowe Ransom (1888–1974), que na época ensinava na Universidade Vanderbilt, em Nashville, Tennessee. Se o manifesto possuía alguma visão política partilhada, ela foi capturada na introdução do volume, que argumentava que "a teoria do agrarianismo é que a cultura do solo é a melhor e mais sensível das vocações e, consequentemente, deveria ter preferência econômica e empregar o máximo de trabalhadores".

Vago como declaração política, o manifesto mesmo assim se engajou com os profundos sentimentos de perda experimentados pelos estados do sul. Os escritores acreditavam que a rápida urbanização dos Estados Unidos, o crescimento das cidades e a aceleração de todos os encontros humanos causada pelos automóveis e pela mídia de comunicação em massa haviam desligado os americanos tão completamente do solo que eles já não se sentiam em casa em seus próprios campos. Alguns se arriscaram a declarar explicitamente seu pesar pelo resultado da guerra civil, que levara primeiro à representação distorcida do modo sulista de vida e, depois, à extinção desse modo de vida pela cultura industrial do norte. Esses sentimentos encontraram pungente expressão em um poema de Allen Tate, "Ode aos mortos confederados" (1937), e, no período em que Tate foi coeditor da consagrada *Sewanee Review*, entre 1942 e 1944, a revista se tornou voz ativa na defesa da desejada civilização agrária. Foi ativa no recrutamento da crítica literária para a luta pelos valores e formas de comunidade tradicionais e publicou obras do importante conservador cultural Richard Weaver. O melancólico resumo do declínio da civilização ocidental feito por Weaver, *As ideias têm consequências* (1948), traça esse declínio desde a Idade Média, quando o nominalismo de Guilherme de Ockham começou a minar as antigas autoridades e colocou o individualismo no comando.

Generalizações desenfreadas (como essa), ilusões sobre a real causalidade das ideias e fútil nostalgia de uma ordem perdida de coisas, sem falar na falha em lidar com a escravidão e seus legados — todos esses erros foram atribuídos aos conservadores culturais do sul. Mesmo assim, sua visão obtete expressão pungente e comovedora tanto na poesia quanto na prosa, com nomes como Allen Tate, Eudora Welty, Flannery O'Connor e Robert Penn Warren permanecendo proeminentes no panteão da literatura americana moderna. A influência de sua posição ainda é sentida, em especial no movimento ambiental e naqueles membros do movimento que, como Wendell Berry e Allan C. Carlson, guardam em seus corações a vida e a cultura do ambiente familiar. Significativas nessa conexão são as atualizações da posição agrária feitas por Allan Carlson em *The New Agrarian Mind: The Movement Toward Decentralist Thought in Twentieth-Century America* (2000) e Wendell Berry em *The Unsettling of America: Culture and Agriculture* (1977).

Certo tipo de conservadorismo cultural também foi responsável pelo que talvez tenha sido a mais influente abordagem *acadêmica* do conservadorismo nos Estados Unidos, a saber, a escola de ciência política associada a Leo Strauss (1899–1973), que foi para lá como refugiado do nazismo em 1937 e, após uma variedade de cargos acadêmicos, estabeleceu-se na Universidade de Chicago. O exemplo de Strauss como professor, dado a leituras rigorosas dos grandes textos, à maneira da filologia alemã, influenciou o estabelecimento da ciência política americana como disciplina humana e parte do currículo essencial das universidades.

Strauss foi influenciado pelo estudo da filosofia antiga (especialmente Platão), pelo radical teórico constitucional alemão Carl Schmitt (1888–1986) e por sua leitura da constituição americana e do pensamento que a criara. Suas próprias visões não eram sistemáticas, mas envolviam a defesa do estado de direito e do equilíbrio de interesses conseguido pela constituição americana. Ele se opunha ao "historicismo", com o que queria dizer o hábito de referir todas as ideias ao contexto histórico do qual haviam surgido. A ciência política, afirmava ele, deveria almejar a uma perspectiva trans--histórica da qual as ideias pudessem ser julgadas por sua validade. Strauss acreditava ter encontrado essa perspectiva na ideia de direitos naturais, que entendia no sentido de Locke e da declaração da independência americana.

Embora o historicismo fosse inimigo da ciência política, Strauss acreditava que, ao estudar os clássicos da teoria política, era sempre necessário "ler as entrelinhas" a fim de descobrir o objetivo retórico do escritor. A teoria política é, em si, parte da política, e a política é a esfera na qual as pessoas podem obter, por meios minuciosos e árduos, a acomodação requerida para sua satisfação comum. Strauss deplorava o fascismo, o comunismo e os movimentos socialistas que destruíam a Europa, deplorando igualmente a falha dos intelectuais americanos em apreciar o profundo pensamento por trás de suas próprias instituições legais, políticas e sociais e o fato de que essas coisas são muito mais facilmente perdidas que conseguidas.

Grande parte da ciência política americana recebeu o selo do conservadorismo de Strauss, de modo que o adjetivo "straussiano" adquiriu sentido distinto no mundo da teoria política — significando, grosso modo, conservador, constitucionalista e profundamente enraizado na leitura dos clássicos (uma leitura, todavia, que expõe a complexidade e a ambiguidade das reais intenções do autor). Seus muitos pupilos distintos incluem Allan Bloom (que surgirá brevemente no capítulo 6). O feito de Strauss, ao fundar uma escola de ciência política no interior da academia americana, teve repercussões fora da academia, com "straussianos" obtendo posições influentes no governo e na administração do presidente conservador George W. Bush. Isso, por sua vez, levou a uma indústria de estudos devotados a expor Strauss como influência maligna e perversa, responsável pelo neoconservadorismo (ver capítulo 6), pelas reformas prejudiciais e pela guerra no Iraque.

O conservadorismo cultural, em todas as suas formas, tem sido uma tentativa de elevar o conservadorismo do campo de batalha da política para a arena pacífica da literatura e da vida acadêmica. Ele tem se mostrado apreensivo com a cultura de massa, as políticas democráticas e as novas doutrinas "progressistas" pela redenção da humanidade. Retirou-se da modernidade para os tranquilos pastos da mente, em que educação, conhecimento e alta cultura possuem uma vantagem insuperável em relação à opinião da maioria e à ignorância política. Ao menos na sala de aula, parece possível vencer, sob o entendimento de que ali as ideias são respeitadas. Mas o que acontece quando a onda da opinião socialista varre também a sala de aula? O que resta do conservadorismo quando ele é empurrado para um canto de seu último reduto? Retornarei brevemente a essa questão no capítulo final. Antes disso, precisamos explorar o confronto entre conservadorismo e Estado socialista, confronto que revisou e ampliou os argumentos de Smith, Burke e Hegel e, novamente, colocou a filosofia política no centro da história do Ocidente.

5.

O impacto do socialismo

Ao fim da Primeira Guerra Mundial, o conservadorismo cultural esboçado no capítulo anterior deixara de fornecer um programa político coerente. A antiga civilização europeia, supostamente caracterizada por uma sociedade rural orgânica e pela alta cultura cristã, já não merecia confiança como guia para o futuro. Ela se tornara uma ideia esmaecida, não para ser exposta aos olhos duros dos políticos, mas sim cuidadosamente desdobrada de tempos em tempos, como precioso pergaminho no crepúsculo literário. Em nenhum lugar isso foi mais evidente que no antigo Império Austro-Húngaro, onde a guerra começara e a velha ordem de coisas ruíra completamente após a derrota da Alemanha e da Áustria. Lá emergiu, em Viena e suas antigas colônias, uma literatura de luto sem comparação nos tempos modernos. Obras como *O mundo de ontem*, de Stefan Zweig, iniciada em 1934; *O homem sem qualidades*, de Robert Musil, publicada postumamente em 1940; ou *A marcha de Radetzky* (1932), de Joseph Roth, evocam uma preciosa ordem social que era também uma ordem da alma, ao passo que em *Elegias de Duíno*, de Rainer Maria Rilke, publicado em 1923, mas já parcialmente concebido em 1912, encontramos a maior tentativa da literatura moderna de descobrir sentido na vida íntima quando as escoras da sociedade e da religião são removidas e somente o "eu" permanece, miraculosamente em pé, como um campanário solitário sobre as ruínas de tudo que outrora o cercou.

A despeito dos desastres do século XX, e em parte por causa deles, esse tipo de conservadorismo cultural continuou a atrair algumas das melhores mentes da Europa e dos Estados Unidos, permanecendo uma força vigorosa, embora melancólica, na arte e na literatura contemporâneas. Mas, no fim do século XIX, a filosofia política do conservadorismo se voltara em outra direção. Em sua forma original, como descrita nos dois primeiros capítulos, o conservadorismo fora uma resposta ao liberalismo clássico, uma forma de "sim, mas..." em resposta ao "sim" da soberania popular. Fora uma defesa do legado contra a inovação radical, uma insistência no fato de que a libertação do indivíduo não podia ser conseguida sem a manutenção dos costumes e das instituições ameaçados pela ênfase obstinada na liberdade e na igualdade. No fim do século XIX, o conservadorismo começou a se definir de outra maneira, como resposta aos gigantescos esquemas por uma sociedade "justa" a ser promovida por um novo tipo de Estado gerencial. Nessa batalha, o conservadorismo se tornou, em grande medida, o verdadeiro defensor da liberdade, contra o que foi, no melhor dos casos, a ascensão de um sistema de governo burocrático e, no pior, como na União Soviética, uma tirania ainda mais homicida que a dos jacobinos na França revolucionária.

No curso do confronto com o socialismo e seus apoiadores igualitários nos Estados Unidos, a palavra "liberal" mudou de sentido, uma questão que já abordei no capítulo 1. É importante compreender esse desenvolvimento, uma vez que ele transformou inteiramente tanto a linguagem quanto a prática da política nos Estados Unidos e em todo o mundo ocidental. O liberalismo clássico de Locke, Montesquieu e Smith era uma defesa da soberania individual contra o poder do Estado e promovia governo limitado, propriedade privada, economia de mercado e livre associação. No uso popular americano de hoje, "liberalismo" significa liberalismo de esquerda — não confundir com neoliberalismo, que discutirei no próximo capítulo — e é expressamente contrastado com "conservadorismo". Nesse uso, liberal é alguém que se volta conscientemente para os menos privilegiados, apoia os interesses das minorias e dos grupos socialmente excluídos, acredita no uso do poder do Estado para conseguir justiça social e, com toda probabilidade, partilha dos valores igualitários e seculares dos socialistas do século XIX. O liberal americano certamente não é avesso ao poder do Estado, desde que seja exercido pelos liberais e contra os conservadores. Qualquer um que defenda a posição liberal clássica provavelmente é visto agora como conservador, em razão da associação entre liberalismo clássico e livre mercado e do conflito entre o individualismo liberal e a cultura de dependência associada ao Estado de bem-estar social. Os leitores certamente estão conscientes de todas as complexidades envolvidas e é melhor deixá-las de lado, simplesmente reconhecendo que, na batalha contra o socialismo, o liberal clássico e o conservador estão agora do mesmo lado.

Isso ajuda a explicar por que Friedrich von Hayek (1899–1993), que expressou sua filosofia em *Os fundamentos da liberdade* (1961), acrescentou ao livro um apêndice intitulado "Por que não sou conservador", a despeito de ter se tornado o herói intelectual do movimento conservador com a publicação de *O caminho da servidão* ao fim da Segunda Guerra Mundial. Durante toda a vida, Hayek quis afirmar sua identidade com a tradição liberal clássica, acreditando que a verdadeira causa da crise que levara às duas guerras mundiais era o crescimento constante do poder do Estado e seu mau uso em busca de objetivos inalcançáveis. "Justiça social" era o nome de um desses objetivos, e Hayek desdenhou expressamente o termo como peça enganadora de novilíngua, usada para promover a injustiça em larga escala em nome de seu oposto.

Hayek era economista, aluno de Eugen von Böhm-Bawerk (1851–1914) e Ludwig von Mises (1881–1973) e, como eles, membro proeminente da escola austríaca de economia fundada por Carl Menger (1840-1921). Mas seu pensamento alcançava muito mais que a economia, e durante grande parte da vida, morando e ensinando na Inglaterra e nos Estados Unidos, ele se viu como filósofo social, seguindo a tradição de Locke e Smith. Ele se distanciou do movimento conservador por acreditar que, após a Segunda Guerra Mundial, os governos conservadores simplesmente aceitaram que a sociedade civil devia ser gerenciada pelo Estado e, como resultado, perpetuaram as ilusões e as políticas dos socialistas. A despeito dessas reservas, é a ele que devemos uma das mais importantes defesas conservadoras do *common law*. E, como seu contemporâneo Michael Oakeshott (1901-1990), ele criou uma teoria da sociedade civil que, adequadamente compreendida, une e revigora os insights tanto de Hegel quanto de Burke.

O argumento fundamental de Hayek é o desenvolvido por Mises e outros membros da escola austríaca durante o que se tornou conhecido como "debate do cálculo" — o debate sobre a viabilidade da economia socialista. Para uma economia planejada funcionar, deve ser possível coletar informações sobre o que as pessoas querem e o que estão preparadas para dar em troca. Os preços devem refletir essa informação; mas como eles podem ser calculados aprioristicamente, antes que as pessoas tenham se engajado nas trocas livres que revelam a natureza e a extensão de seus desejos?

Todas as ações sociais requerem informações sobre os desejos e necessidades de um número indefinido de pessoas, além de soluções espontâneas para seus conflitos. Em um mercado livre, o preço de uma mercadoria é determinado pela totalidade das demandas humanas, e não pode haver melhor indicador do sacrifício que as pessoas estão preparadas para fazer a fim de obter uma mercadoria que o preço ligado a ela em um regime de livre troca. A informação contida no preço é social, dinâmica e prática: é informação sobre o que fazer a fim de satisfazer os distantes desejos de estranhos e flutua em resposta às mudanças em desejos e necessidades. Essa informação não poderia existir em uma única mente, pois está disponível somente no *processo* de troca em uma sociedade na qual as pessoas são livres para vender e comprar. Qualquer interferência nos mecanismos do mercado, portanto, destrói a informação necessária para tomar decisões econômicas racionais. O planejamento, que tenta reconstruir essa informação como grupo estático de dados, é invariavelmente irracional, uma vez que, ao fixar a direção e os parâmetros da vida econômica, destrói a informação da qual ela depende.

Hayek viu no argumento do cálculo a possibilidade de desenvolver uma teoria da sociedade civil como um todo. O livre mercado é um exemplo de ordem espontânea que surge da livre associação, por meio de uma mão invisível, e gera por si mesmo as soluções para os problemas econômicos. Do mesmo modo, o *common law* gera uma ordem legal espontânea que, por nascer de soluções particulares para conflitos particulares, tende inerentemente a restaurar a sociedade a um estado de equilíbrio — ao contrário do direito estatutário, que tenta antecipar os conflitos e, desse modo, acaba por criá-los. Ao expor essa ideia, Hayek notou que as leis surgiram nas sociedades humanas muito antes de alguém ter concebido a ideia de escrevê-las e muito antes da prática da legislação. Pois as leis estão implícitas em nossas trocas livres, que ocorrem sob o olhar da consciência — o "espectador imparcial" de Smith. Daí estarem implícitas em nossa conduta e emergirem das transações livres, mais ou menos como as regras de boas maneiras emergem espontaneamente em cada nova esfera de iniciativa humana — por exemplo, as regras de cortesia que surgiram entre motoristas em estradas públicas, muito antes de alguém pensar em fixá-las em um "código rodoviário".

Hayek vê a estrutura econômica do capitalismo, por mais que tenha sido modificada pelas contingências históricas, como parte essencial não somente da prosperidade econômica, mas também da liberdade de ação a que todos os seres sociais aspiram. Entretanto, a liberdade só é durável quando garantida por uma constituição, e não é fácil desenvolver uma constituição que permita a liberdade ao mesmo tempo em que proíbe a licenciosidade e a anarquia. *Os fundamentos da liberdade* tenta descrever a constituição ideal em um Estado capitalista moderno. O resultado é um conservadorismo mitigado no qual muitos dos recursos constitucionais da tradição política anglo-americana são mantidos como garantia de estabilidade, o que também permite a possibilidade de reforma. Hayek apoia a democracia em princípio, mas argumenta que os mecanismos através dos quais o poder é exercido nas democracias impedem a emergência de uma escolha coletiva genuína e que nenhum sistema político fornece um exemplo de escolha coletiva como o fornecido pelo mercado. Além disso, enquanto em um mercado econômico todo indivíduo age sob restrições orçamentárias, em grande parte das democracias de regra da maioria os políticos não sofrem restrições similares ou, ao menos, não imediatamente; como consequência, as condições autorreguladoras do mercado não podem ser facilmente obtidas na esfera política.

Conforme sua visão se expandia para incluir ainda mais aspectos de nosso ser social, Hayek sugeriu uma espécie de teoria generalizada da "mão invisível" de Smith. Ele a descreveu como teoria da "ordem espontânea" ou "catalaxia" e a expôs detalhadamente em três volumes difíceis, mas recompensadores: *Rules and Order* (1973), *The Mirage of Social Justice* (1976) e *The Political Order of a Free People* (1979). A essência do argumento nesses três livros é o fato de que todas as tentativas de criar uma ordem social planejada, na qual mercadorias e oportunidades sejam distribuídas de acordo com alguma fórmula predeterminada, envolverão remover ou impedir a liberdade dos indivíduos de tomarem decisões por si mesmos. Além disso, ao remover a liberdade, o plano irá inspirar resistências e compelir as transações a se moverem para fora de seu controle, para um mercado negro ou um sistema privado de justiça. Consequentemente, sempre destruirá a possibilidade de sua própria implementação — algo abundantemente ilustrado em todos os sistemas comunistas, que produziram desigualdades em termos de posses, poderes e privilégios que em muito transcendem qualquer coisa observada nas economias livres.

A fim de se justificar, o plano socialista recruta todas as instituições e mesmo a linguagem para seu propósito. Por exemplo: ele descreve a igualdade econômica forçada a que aspira como "justiça social", mesmo que ela só possa ser obtida através da expropriação injusta de bens obtidos por meio de acordos livres. O verdadeiro sentido da justiça, argumenta Hayek, é o fornecido por Aristóteles e seguido por Ulpiano na compilação das leis romanas — a prática de dar a cada pessoa o que lhe é devido. Mas a sorrateira palavra "social" suga o significado de "justiça". A justiça social não é de modo algum uma forma de justiça, mas sim uma forma de corrupção moral. Significa recompensar as pessoas por comportamentos ineficazes, por negligenciarem seu bem-estar e o bem-estar de suas famílias, por não cumprirem seus contratos e por explorarem seus empregadores.

A defesa do *common law* inglês feita por Hayek tem sido amplamente desconsiderada na literatura, mas merece menção por duas razões. Como austríaco, criado sob a jurisdição do direito romano do Império Austro-Húngaro, no qual a lei era vista como sistema de comandos, Hayek poderia ter sido tentado a ver o Parlamento como fonte das leis e da autoridade implícita nelas. Em vez disso, via o *common law* como coração da sociedade inglesa e prova viva de que a justiça reside nas transações entre pessoas livremente associadas, e não nos planos de um poder soberano. Além disso, Hayek considerava o *common law* a aplicação de um modo de raciocínio implícito nessas mesmas transações livres. Positivistas legais como o liberal inglês H. L. A. Hart pensam no *common law* como "criado por juízes", como se o direito fosse inventado nos tribunais e posterior aos fatos do caso.[1] Não, diz Hayek: se fosse assim, as decisões do *common law* sempre envolveriam uma injustiça, ao julgar as pessoas de acordo com uma lei que não conheceriam. O *common law* é feito de leis *descobertas* por juízes. A lei encapsulada no julgamento de um caso é aquela da qual as partes já lançaram mão, mesmo que sem conhecimento declarado ou formal. A lei foi suposta no próprio acordo e o juiz traz essa suposição partilhada a público. Assim, no importante caso *Donoghue v. Stevenson* (1932), no qual a queixosa ficou doente por causa do caramujo morto encontrado na garrafa de refrigerante de gengibre que estava bebendo, decidiu-se que o fabricante de mercadorias para venda é responsável *prima facie* por qualquer dano sofrido por aquele que, de boa-fé, adquire ou faz uso dessas mercadorias, sendo esse um princípio a partir do qual as partes contratantes agiram implicitamente. O Parlamento não teve de decidir sobre essa regra da lei, que governa a responsabilidade por produtos desde então, uma vez que ela foi descoberta como suposição na própria conduta que a lei deveria regular.

Os argumentos de Hayek são sutis, amplos e dirigidos de maneira obstinada contra o socialismo e a filosofia do plano. Sua diatribe de 1944, *O caminho da servidão*, dirigida contra o emergente consenso social-democrata ao fim da guerra, é frequentemente criticada por seu aparente exagero, ao sugerir que o socialismo democrático se move por iniciativa própria na direção do Estado totalitário. Mas — como muitos livros imperfeitamente desenvolvidos — teve uma influência totalmente desproporcional a seus méritos intelectuais e ainda é amplamente aceita como declaração sucinta da defesa antissocialista.

Menos influentes, mas, a seu modo, mais próximos da realidade, são os artigos do pós-guerra publicados como livro em 1962 por Michael Oakeshott: *Rationalism and Politics*. Nesses poderosos arti-

---

[1] H. L. A. Hart. *The Concept of Law*. Oxford, 1961 [*O conceito de direito*. São Paulo: Martins Fontes, 2009].

gos, Oakeshott indica o dano causado quando a política é dirigida de cima e na direção de um objetivo — seja liberdade, igualdade ou fraternidade — e todas as políticas e negociações são formuladas com referência a esse objetivo. Com "racionalismo", ele quer dizer a tentativa de ver a associação política em termos de "meios–fim", com o fim sendo claramente formulado e os meios justificados por ele. O resultado é inevitavelmente a destruição do compromisso e da livre associação, além da imposição de uma ordem com a qual ninguém sujeito a ela teria consentido. Como Hayek, Oakeshott revive e amplia insights originais de Smith e Burke, demonstrando que políticas razoáveis não são necessariamente "racionais", uma vez que emergem do imprevisível amálgama de nossas escolhas, sem a adoção de um objetivo comum.

Ele deu seguimento a esse argumento com um ataque à "ideologia". Esse foi o nome que escolheu para os sistemas de crenças políticas — coleções de ideias, objetivos e teorias criadas para justificar, aos olhos do seguidor, a decisão de assumir o controle sobre o futuro. A teoria marxista da revolução, a ideia fascista de Estado corporativo sob comando quase militar e a filosofia nazista de raças foram todas ideologias, no sentido usado por Oakeshott. Foram projetadas para justificar o controle político ao criar, no nível intelectual, um sentido de emergência: somente se *nós* fizermos *isso*, e fizermos *agora*, o futuro da sociedade estará garantido. Contra a ideologia, ele defendeu uma política de "sugestões" — entendimentos intuitivos de como as coisas são e como poderiam mudar, que surgem do envolvimento ativo na ordem política e da abertura à conversa com outros. Os objetivos da associação política, insistiu, não são impostos, mas descobertos, e isso significa que a política é a arte de ouvir e perguntar, e não a de ladrar ordens ou ler tabelas de regras aprioristicas.

A ideologia propõe uma espécie de política de guerra: a mensagem é que você está conosco ou contra nós, e nós devemos vencer a qualquer custo. Isso vai contra toda a tradição política do governo representativo anglo-americano, que envolve a aceitação de certos procedimentos e instituições como "dados" — ou seja, como criando uma estrutura na qual as discordâncias podem ser negociadas. Tal forma de governo não deve ser entendida como um meio para um fim ou uma solução para um problema, mas sim como um modo de as pessoas viverem juntas em mútuo entendimento. Ela é ao mesmo tempo o fim e o meio, a solução e o problema.

Em uma obra mais madura, *On Human Conduct* (1975), Oakeshott desenvolve uma teoria elusiva, mas influente de "associação civil", o termo que usou para anunciar uma concepção particular de sociedade civil. Ele desejava contrastar essa concepção com as teorias socialistas e liberais de esquerda que, conscientemente ou não, viam a sociedade civil como subserviente ao Estado e conscrita por ele. Oakeshott diferencia a associação civil da "associação de empreendimento". Uma associação de empreendimento possui um propósito, um objetivo abrangente (seja comercial, militar ou político) que define a agenda da associação como um todo. A associação civil não está fundada em um contrato nem é devotada a um propósito. Ela deve ser construída antes nos moldes de uma conversa, na qual objetivos, significados e informações emergem imprevisivelmente da troca amigável entre os participantes. As frequentes referências à conversação feitas por Oakeshott sugerem que ela é, para ele, uma espécie de paradigma de associação que deve ser tratada como "fim em si mesma". De certo modo, o argumento pode ser visto como retorno a uma ideia que encontramos em Aristóteles, que acreditava que a amizade era a principal fundação da legitimidade em uma cidade-estado. Para Aristóteles, a amizade é um bem indisputável, que não exige nenhum propósito adicional para justificá-la, embora admita muitos tipos e níveis. A mais elevada amizade, na qual a virtude é qualificação e resultado, é mimetizada pela sociedade de cidadãos, que tentam, através da emulação e do exemplo, honrar uns aos outros como amigos e que gozam dos benefícios da amizade precisamente porque não a buscam de forma obrigatória.

Oakeshott estava menos interessado em atingir os movimentos totalitários do século XX que em organizar um ataque contra o dirigismo que entrara na política inglesa como uma espécie de consenso após a guerra. Por várias décadas, assumiu-se que o Estado tinha o direito e o dever de "gerenciar" não apenas a economia, mas também o sistema educacional, a diminuição da pobreza, o padrão dos assentamentos e as indústrias que lhes forneciam trabalho, os termos e condições de emprego — em resumo, praticamente tudo de que o bem-estar e a segurança das pessoas pareciam depender. Durante toda a vida, a preocupação de Oakeshott foi demonstrar que esse tipo de política envolve um erro profundo sobre a natureza da sociedade civil e uma cegueira em relação aos aspectos da condição humana — conversação, amizade, esportes, poesia e arte — nos quais nossas mentes se voltam para coisas de valor intrínseco, afastando-se da obtenção e do dispêndio. Deve-se notar que a religião ocorre apenas como ideia secundária em suas reflexões sobre a associação civil. Isso demonstra a radical secularização do conservadorismo inglês no período do pós-guerra, igualmente aparente no conservadorismo austríaco após a Primeira Guerra Mundial. Guerras mundiais tendem a deixar a religião em geral e o cristianismo em particular em uma condição de dúvida radical em relação a si mesmos.

A posição de Oakeshott como professor de filosofia política da Escola Londrina de Economia permitiu que construísse uma rede de estudantes e colegas simpatizantes, e, durante algum tempo, o departamento de política da escola se tornou um centro de resistência conservadora ao consenso socialista prevalente (ver o capítulo seguinte). A natureza elusiva de suas teorias e o hábito de insinuar suas crenças, em vez de explicitá-las, foram lamentados por seus seguidores. E, como tantos conservadores, ele se recusou a endossar o movimento político e o partido que portavam a insígnia conservadora. Como F. R. Leavis, foi evasivo em relação à religião e não via nem a Igreja católica nem a Igreja anglicana tendo algum papel preciso no tipo de associação civil que desejava. Sua visão da associação civil se mostrou elitista, modelada por sua própria experiência como professor e intelectual cético e conectada apenas marginalmente às batalhas sociais, culturais e políticas da época.

O confronto com o socialismo assumiu uma forma ligeiramente diferente nos Estados Unidos. Até o New Deal (1933-1937) do presidente Roosevelt, a ideia de que o Estado podia gerenciar a economia, iniciar empreendimentos comerciais próprios e cuidar adequadamente da saúde e do bem-estar dos cidadãos era vista por muitos como aberração, característica do socialismo europeu, mas dificilmente compatível com a constituição americana. Gradualmente, todavia, as ideias socialistas começaram a penetrar a vida intelectual e política americana, e a resposta conservadora foi, em grande extensão, provocada pela Grande Depressão, pelas dificuldades da nova classe trabalhadora urbana e pela resultante simpatia pelo comunismo entre os intelectuais. A história dessa resposta é complexa e está envolvida em controvérsias sobre o New Deal e histórias de infiltração e espionagem soviética. Para o objetivo atual, basta-nos considerar dois nomes representativos, ambos inicialmente simpatizantes do comunismo e um dos quais foi, durante algum tempo, espião soviético: James Burnham (1905-1987) e Whittaker Chambers (1901-1961).

James Burnham era sociólogo, profundamente influenciado pela análise marxista da sociedade capitalista. Inicialmente, simpatizou com o clamor comunista por uma nova ordem social na qual as crises e dificuldades do capitalismo seriam superadas e as divisões de classe chegariam ao fim. Ajudou a organizar o Partido dos Trabalhadores Americanos, em 1933, e a voltá-lo na direção favorecida por Trotski, com quem iniciou uma amizade por correspondência. Mas a crueldade de Stalin, as invasões soviéticas dos Estados Bálticos e da Finlândia e, finalmente, o pacto nazi-soviético abriram seus olhos para a realidade do comunismo e para o efeito destrutivo das teorias marxistas que o inspiraram. Ele também viu o efeito dessas teorias no New Deal e decidiu defender o capitalismo americano do "newdealismo", como o chamou, que via como ataque à tradição liberal americana. Foi uma marca de sua formação marxista o fato de o termo "capitalismo" lhe ocorrer constantemente como nome de sua causa. Mas, com o passar dos anos, tornou-se cada vez mais obviamente conservador, e um conservador influente.

O movimento nessa direção começou com *The Managerial Revolution* (1941), no qual acusou o socialismo das falhas que os marxistas haviam atribuído ao capitalismo. Em todas as suas formas, argumentou ele, a tendência do socialismo não é produzir uma sociedade sem classes como prometido, mas, ao contrário, gerar uma nova e intransigente classe dirigente de burocratas — a elite gerencial. Essa classe automaticamente demanda economia planejada, restrições à criatividade e ao empreendedorismo e violação do direito à propriedade. Burnham criticou o newdealismo em termos similares, argumentando que ele preparava o povo americano para a tomada gerencial e o cegava para o que realmente estava em jogo no confronto com o comunismo. Em *A luta pelo mundo* (1947), estabeleceu um plano de batalha para o que seria conhecido como Guerra Fria, defendendo a cidadania partilhada entre os Estados Unidos e a Grã-Bretanha e a união de todas as forças relevantes contra a ameaça comunista.

Finalmente, em *Suicide of the West* (1964), forneceu aos conservadores a linguagem e a visão com as quais definir tanto o confronto com o comunismo quanto a ineficácia dos poderes ocidentais para lidar com ele. Nesse livro, Burnham se move na direção do conservadorismo cultural, defendendo o legado moral e religioso do Ocidente e denunciando "aquele ramo molenga do liberalismo contemporâneo — pio, bonzinho e cheio de culpa — que emprega o curioso dogma de que 'há alguma verdade em ambos os lados' como principal argumento de venda". De muitas maneiras, foi graças à mente incisiva de Burnham, treinada para desmascarar o marxismo e acostumada a ver através das ideias para descobrir os poderes por trás delas, que o conservadorismo americano começou a se impor contra o recém-redefinido "liberalismo", concebido como estado mental abrangente. Os liberais, como retratados por Burnham, sentem-se culpados por seus privilégios, são incapazes de aceitar as coisas boas que os cercam e protegem, e desejam desculpar qualquer erro de seus inimigos nomeando um erro próprio. Em vez de enfrentar a realidade da tirania soviética, engajam-se em um jogo de "equivalência moral", colocando as falhas da democracia americana ao lado das falhas do comunismo totalitário e inferindo que nenhum lado pode ser julgado sem condenar igualmente o outro.

Burnham foi chamado para liderar a unidade de guerra psicológica do que se tornaria a CIA e ajudou a organizar o Congresso de Liberdade Cultural de 1950, que usou dinheiro da CIA para financiar publicações que tentavam impedir a tomada esquerdista da cultura nos Estados Unidos e na Europa. Essas atividades, que o moveram cada vez mais na direção de um tipo de conservadorismo cultural, levaram a sua efetiva expulsão da comunidade intelectual quando o principal financiador do congresso finalmente foi revelado. Como muitos ex-radicais que mudaram de lado em função dos crimes soviéticos, ele foi marginalizado por aqueles que tentava converter.

O mesmo destino aguardava Whittaker Chambers, simpatizante comunista que pertencia a um círculo de espiões na administração do presidente Roosevelt e que, despertado pela experiência da natureza do comunismo, deixou o Partido e sua rede, finalmente delatando os colegas agentes para o governo americano. Chambers foi um personagem complexo e torturado e também uma figura pública, um escritor brilhante que ascendeu até se tornar editor sênior da revista *Time*. Mas suas aparições no tribunal em vários julgamentos por espionagem foram usadas pelas redes esquerdistas para desacreditá-lo, e foi somente com a publicação de *Witness* (1952), que contava a história integral de seu envolvimento com o comunismo, que ele se tornou figura central do movimento conservador.

Witness não é simplesmente o relato factual da rede soviética de espionagem em Washington e do dano causado por ela durante e após a guerra. É um competente estudo psicológico sobre a escravidão mental e a degradação moral das quais o sistema comunista depende. Chambers descreve a negatividade da visão comunista em termos inesquecíveis, enfatizando a natureza mecânica de traições, assassinatos e genocídios. O espião soviético é descrito não como herói dinâmico, expondo-se ao perigo por uma causa nobre, mas sim como uma espécie de burocrata, recebendo e passando adiante sentenças de morte encimadas por um carimbo que tudo justifica.

Vários intelectuais europeus da época escreveram sobre o comunismo em termos similares — notadamente George Orwell, Arthur Koestler e Czesław Miłosz. *Witness* foi mais influente por ser a história de um *insider*. O livro descreve o comunismo como doença no interior do Departamento de Estado e também na própria alma de Chambers — a alma de um americano que, ao resgatar a si mesmo, redescobriu tanto a fé religiosa quanto sua identidade com a cultura espiritual de sua terra natal. Desse momento em diante, o anticomunismo passou a ser visto pelos conservadores americanos como parte de sua autodefinição, uma espécie de prova de sua pureza espiritual. Embora o macartismo tenha, em certa extensão, desacreditado o anticomunismo na percepção do público, Chambers foi capaz de apresentá-lo de outra maneira, como revelação da cultura americana. O comunismo como ele descreveu é a negação sistemática da alma dos Estados Unidos, algo a que se deve resistir não meramente com força externa, mas também com devoção interna à ideia americana, que é um legado tanto espiritual quanto político.

O desafio do comunismo chegara cedo à Europa continental, onde a breve Comuna de Paris, de 1871, fizera com que parecesse tanto possível para seus apoiadores quanto seriamente assustador para seus oponentes. A reação intelectual na Europa central é tipificada pelos argumentos de Hayek, já discutidos. Mas, na França e nos países mediterrâneos, onde ideias marxistas, futuristas e utópicas radicais varreram o cenário intelectual no início do século XX, a ameaça de transtorno total novamente deu início à rejeição religiosa, exemplificada por Maistre e Chateaubriand, da visão de mundo esquerdista.

Assim, a versão do século XX do conservadorismo francês está associada ao *renouveau catholique*, que foi parte reação à derrota francesa na guerra franco-prussiana e parte resposta a um longo período de materialismo secular, governo republicano e projetos modernizantes inspirados pela rivalidade com a Alemanha e a Inglaterra. A principal luz dessa renovação católica foi o poeta Charles Péguy (1873-1914), cuja revista *Cahiers de la Quinzaine* publicou alguns dos mais importantes escritores da virada do século. Péguy tinha tendências socialistas em política, mas também aspirava a um novo tipo de patriotismo francês, centrado não na república ou na revolução, mas sim na figura de Joana d'Arc, a brava camponesa que servira a seu rei, sua fé e seu país e cujo martírio nas mãos dos ingleses a estabelecera como símbolo espiritual e santa padroeira da França. Foi em grande parte graças a Péguy (e, em particular, a seu estranho e evocativo poema "O mistério da caridade de Joana d'Arc") que ela foi canonizada em 1920.

Depois da Primeira Guerra Mundial, a vida intelectual francesa foi polarizada entre o ressurgimento católico e movimentos de esquerda cada vez mais marxistas. O conflito se deu em obras de filosofia, assim como na arte, na música e na literatura, e o lado conservador jamais se personificou em um partido ou mesmo em um movimento político coerente. Havia um componente agrário, associado ao romancista Jean Giono (1895-1970) e ao filósofo Gustave Thibon (1903-2001), assim como um componente diretamente teológico, associado ao filósofo Jacques Maritain (1882-1973) e a sua esposa, a poetisa Raïssa (1883-1960).

O movimento que surgiu a partir desses inputs não foi um programa político, mas sim uma disputa pela alma da França, e seus principais partidários teriam visto os argumentos de Hayek e Oakeshott como especulações exóticas, sem nenhum significado para a verdadeira vida da mente. As reais expressões do sentimento conservador deveriam ser encontradas nos retratos de Cristo de Georges Rouault (1871-1958), nos romances de François Mauriac (1885-1970) descrevendo um modo de vida pio e provinciano, e na música de Francis Poulenc (1899-1963), cuja ópera *Dialogues des Carmélites* (1957), baseada em um roteiro do romancista católico Georges Bernanos, é não somente uma comovente obra de arte, como também uma espécie de "recuperação" da Revolução Francesa. Nesse fermento de energia criativa, ideias eram testadas em obras de imaginação e raramente ou nunca consideradas argumentos filosóficos — uma das razões, parece-me, pelas quais o conservadorismo francês foi sempre tão difícil de definir e impossível de separar da ideia da França como condição espiritual e lugar consagrado.

Uma escritora, entretanto, merece atenção especial do estudante de conservadorismo intelectual: a filósofa e mística Simone Weil (1909-1943), cuja obra póstuma, *O enraizamento*, contém uma espécie de compilação do conservadorismo cultural concebido como estado mental, e não como programa político. Weil foi, como muitos de seus contemporâneos, produto das maneiras esquerdistas e marxistas de pensar, mas se moveu subitamente em outra direção logo antes da Segunda Guerra Mundial. Ela era descendente de judeus e fora criada em um ambiente secular e ateísta. Todavia, sempre se sentira atraída pelo cristianismo, influenciada por seu amigo e mentor Gustave Thibon.

Depois de uma revelação beatífica em 1935, na igreja de Santa Maria dos Anjos, em Assis, e da leitura da poesia de George Herbert, Weil aceitou a fé cristã (embora não o batismo) e, com ela, o compromisso com a França. Ela esperava ser mártir de ambas as causas, a exemplo de Joana d'Arc, e, vivendo na Inglaterra como refugiada do nazismo, por algum tempo recebeu treinamento da Executiva de Operações Especiais para se tornar agente da resistência francesa. Mas problemas de saúde interromperam o treinamento e Weil infundiu em seus textos a passional chamada ao sacrifício que fizera a si mesma e em nome da qual desejava viver.

Seu cristianismo místico e sua identificação com as vítimas da política totalitarista e do industrialismo desabrido levaram a reflexões altamente influentes, embora excêntricas, sobre o estado da sociedade contemporânea e a propostas para sua revitalização política. Ela chamou o grande mal da civilização moderna de *déracinement* e tentou analisar o *enracinement* (enraizamento) que protegera a humanidade contra a corrosão social no passado e talvez pudesse protegê-la no futuro. Esse aspecto de seu pensamento foi influenciado pelo conservadorismo agrário de Thibon e Giono. Os seres humanos possuem raízes, argumentou Weil, em função de sua participação ativa em um coletivo que conserva, em forma viva, um legado social e espiritual e continua a oferecer pressentimentos sobre um futuro partilhado. Essa ideia — que é o ensinamento essencial do conservadorismo cultural em todas as suas formas — foi expressa em uma prosa poética e mística que influenciou profundamente seus seguidores intelectuais, incluindo T. S. Eliot, Albert Camus e os papas Paulo VI e João Paulo II.

Weil tentou reconciliar a ênfase em ligações particularizadas com uma moralidade universal derivada de Kant e com o respeito pela hierarquia, pela diversidade, pela propriedade privada e pelo território. Ela defendia o verdadeiro patriotismo (uma indicação local da cidadania mundial) contra o nacionalismo (uma forma de *déracinement* comparável, em seus efeitos, à corrosividade da produção industrial, da qual era crítica mordaz). Alegava possuir inspiração tanto cristã quanto marxista para a rejeição dos efeitos da industrialização e propôs esquemas utópicos para a melhoria das condições de trabalho, ao impedir a emergência da indústria de larga escala. Como Ruskin, desejava que o trabalho fosse um exercício voluntário de obediência fundado na aliança com os outros e na ordem social — uma forma de ligação pia com a vida na qual gravidade e graça seriam adicionadas às ações cotidianas. (O livro *A gravidade e a graça*, uma edição de suas anotações feita por Thibon, foi publicado em 1952.) Sua visão profundamente moral sobre a vida econômica também influenciou sua ideia de lei, que acreditava (assim como Kant) poder impor a moralidade sem violar a liberdade. Ela admirava a constituição inglesa como expressão aparente dessa ideia, embora seu profundo individualismo tenha feito com que afirmasse que as leis não eram suficientes e que a salvação só poderia ocorrer através da disposição íntima para o sacrifício.

O conservadorismo cultural de Weil foi ecoado em outros lugares da Europa, e concluo este capítulo com um breve relance de um dos últimos conservadores intelectuais da Espanha, o filósofo José Ortega y Gasset (1883–1955), que, como Weil, tratou da condição espiritual de nossa civilização e procurou o remédio interior para a sua decadência. Ortega foi um professor de filosofia que desenvolveu seu próprio sistema, inspirado em parte pela fenomenologia de Edmund Husserl (1859–1938). Mas sua principal contribuição para o conservadorismo consiste em livros endereçados ao público leitor nos quais todas as tecnicalidades filosóficas são deixadas de lado e uma prosa lúcida e evocativa é colocada a serviço do ensino moral e político. Três obras revelam, em seus títulos, a direção de seu pensamento: *España invertebrada* (1921), *A desumanização da arte* (1925) e (a mais conhecida) *A rebelião das massas* (1930).

Por um breve período, Ortega foi membro do Parlamento durante o governo republicano, mas deixou a Espanha no início da guerra civil. Seus textos anteriores a esse período foram baseados no profundo amor e respeito pela cultura nacional espanhola. O modo estabelecido de vida, sob a proteção da Igreja católica, mas com pleno reconhecimento das realidades materiais de uma economia campesina, trouxe consigo certas virtudes que marcaram o caráter espanhol e que sempre seriam necessárias para que o país existisse como república independente. Essas virtudes — coragem, fidelidade e rija autossuficiência — acompanhavam uma cultura popular que enfatizava a unidade da família e a santidade dos ritos de passagem. A Espanha tradicional e "vertebrada" de Ortega envolvia a ênfase na diferença sexual, com masculino e feminino sendo testados publicamente, como nas touradas, na dança flamenca e nas vendetas familiares das comunidades rurais. Ortega escreveu evocativamente sobre a cultura do toureiro e a caça ao estilo inglês em *La caza y los toros* (1960), falando do mesmo enraizamento trágico que é expressado nos poemas de Federico García Lorca, que, todavia, era um homem da esquerda e uma das vítimas do fascismo durante a guerra civil.

Em *A rebelião das massas* (1930), Ortega expressa certo desdém aristocrático pelas atividades destrutivas das pessoas que já não obedecem à moral tradicional e à ordem social e argumenta que as "massas" existem porque uma nova forma de organização política as tornou possíveis. Ele identifica isso com uma nova espécie de democracia na qual os indivíduos são vistos como possuindo direitos iguais independentemente de seu poder, e todos os privilégios são tratados com hostilidade e, se possível, minados, de modo a restaurar a uniformidade do todo. O livro, assim como *A democracia na América*, de Tocqueville, é um levantamento sobre o que a democracia e a ideia de cidadania igualitária implicarão no longo prazo e uma tentativa de reter os elementos da antiga cultura que poderiam formar uma linha de resistência à mediocridade emergente.

A Espanha de Ortega foi varrida pela guerra civil, assim como o restante da Europa continental foi destruído pelo nazismo, pelo fascismo e pelo comunismo. Não resta muito da sociedade cujas virtudes Ortega lamentou, assim como não resta muito da paz anglicana evocada por Eliot ou do *enracinement* defendido por Thibon e Weil. Não obstante, o conservadorismo cultural permanece sendo um movimento intelectual significativo e faz parte da complexa postura em relação ao mundo que é o conservadorismo hoje. No capítulo final, tentarei resumir essa postura, focando, como antes, na Inglaterra e nos Estados Unidos.

6.

Conservadorismo hoje

O conservadorismo moderno começou como defesa da tradição contra as reivindicações de soberania popular e se tornou um apelo em nome da religião e da alta cultura contra a doutrina materialista do progresso, antes de unir forças com os liberais clássicos na luta contra o socialismo. Em sua mais recente tentativa de se definir, tornou-se o defensor da civilização ocidental contra seus inimigos, em particular contra dois deles: o politicamente correto (notadamente suas restrições à liberdade de expressão e sua ênfase na culpa ocidental) e o extremismo religioso, especialmente o islamismo militante promovido pelas seitas vaabitas/salafistas. Em todas essas transformações, algo permaneceu imutável, a saber, a convicção de que as coisas boas são mais facilmente destruídas que criadas e a determinação de mantê-las em face de mudanças politicamente arquitetadas.

Desde a Segunda Guerra Mundial, o conservadorismo inglês existiu somente como força fragmentária à margem da vida intelectual, com pouca ou nenhuma conexão com a política e praticamente nenhum apoio nas universidades. A definição dos *tories* como "estúpidos" feita por John Stuart Mill expressa uma visão que se tornou ortodoxa entre os intelectuais, e mesmo aqueles que mais claramente compreenderam e defenderam a mensagem conservadora se mostraram relutantes em admitir o rótulo. Particularmente significativo nessa conexão foi George Orwell (Eric Blair, 1903-1950), que se descreveu como socialista e partidário da classe trabalhadora, ao mesmo tempo em que se dissociava completamente dos intelectuais de esquerda, com suas "ortodoxias fedorentas" e sua recusa, durante a grande crise do século XX, em responder ao chamado do dever patriótico.

O romance de Orwell *1984* (1949) é famoso pela descrição de uma forma imaginária de totalitarismo, acrescentando à linguagem política palavras que se mostraram insubstituíveis. Essas palavras satirizam os acrônimos do bolchevismo ("Cominform", "Comintern", "Proletkult" etc.) e incluem *novilíngua* (criada para responder às necessidades ideológicas do *socing*, ou socialismo inglês, e impossibilitar o pensamento herético ou *crime de pensamento*), *proletafeed* (entretenimento de baixa qualidade e notícias fictícias para as massas ou *proletas*), *despessoa* (alguém que foi cuidadosamente removido da história) e *duplipensar*: "o poder de manter em mente duas proposições contraditórias ao mesmo tempo e acreditar em ambas". Orwell também inventou a "polícia do pensamento", a última palavra em eficiência despótica, e escreveu, em *A revolução dos bichos* (1945), a mais famosa sátira do comunismo, que resumiu na frase "todos os animais são iguais, mas alguns são mais iguais que os outros".

De fato, as fábulas políticas de Orwell contêm uma profecia acurada e sagaz sobre a correção política que, desde então, invadiu a vida intelectual tanto na Inglaterra quanto nos Estados Unidos. O policiamento incansável e desprovido de humor da linguagem, a fim de prevenir o surgimento de pensamentos heréticos, a violência contra as categorias tradicionais e as maneiras naturais de descrever as coisas, a obliteração da memória e a assídua supervisão do passado — todas essas coisas, perturbadoramente descritas em *1984*, são agora observadas rotineiramente nos *campi* universitários em ambos os lados do Atlântico, e os conservadores que chamaram atenção para o fenômeno, como Allan Bloom em seu influente livro *The Closing of the American Mind* (1987), são frequentemente marginalizados ou mesmo demonizados como representantes de um dos proibidos "ismos" ou "fobias" da vez: racismo, sexismo, homofobia, transfobia, islamofobia etc. Em uma sociedade devotada à "inclusão", a única "fobia" permitida é aquela que tem os conservadores como alvo.

Essa situação, que coloca os conservadores em enorme desvantagem no mundo intelectual, inevitavelmente mudou sua maneira de definirem a si mesmos e tornou as "guerras culturais" centrais para sua compreensão daquilo pelo que estão lutando e por quê. Consequentemente, entender o politicamente correto e encontrar meios de combatê-lo se tornaram causas proeminentes entre os conservadores. O politicamente correto é simplesmente o estágio final do individualismo liberal — o estágio no qual todas as barreiras contra a identidade autoescolhida serão removidas? Se sim, quais dessas barreiras os conservadores ainda podem defender e como podem justificar a tentativa de defendê-las? Ou se trata antes de uma derrogação da grande tradição liberal, a maneira pela qual a igualdade se tornou uma causa tão urgente e dominante que nada permanece da liberdade e toda a vida social é absorvida em uma incansável caça às bruxas contra os defensores das distinções sociais?

Os ensaios de Orwell, notadamente "O leão e o unicórnio: socialismo e o gênio inglês" (1941), são clássicos do conservadorismo cultural que encontram o *enracinement* de Weil no labor de pequena escala e nos hábitos despretensiosos da classe trabalhadora urbana. Embora não tivesse sido de modo algum tentado pelo cristianismo, cuja doutrina julgava possuir pouco apelo para os ingleses, Orwell acreditava que a classe trabalhadora inglesa estava imbuída de um espírito cristão, discreto e sinceramente compassivo, que ele viu refletido em todos os hábitos e rituais que a ajudaram a sobreviver às grandes dificuldades da guerra.

Orwell devia sua posição entre os intelectuais do pós-guerra a sua autoidentificação como homem de esquerda. Poucos na época estavam preparados para admitir serem conservadores e, como mencionado no capítulo anterior, Hayek, o mais poderoso intelectual da direita, preferia se descrever como liberal. (A propósito, em 4 de abril de 1944 Orwell publicou em *The Observer* uma crítica muito favorável a *O caminho da servidão*, de Hayek.) Mesmo assim, havia e há uma verdadeira classe intelectual conservadora na Inglaterra moderna. O movimento conservador conseguiu fincar raízes aqui e ali no mundo acadêmico, em particular no departamento de governo da Escola Londrina de Economia, dirigido por Michael Oakeshott. O círculo em torno desse departamento incluía o judeu iraquiano Elie Kedourie, cuja firme defesa da tradição *tory* em política externa, contra o que ele via como debilitante cultura liberal da culpa (*The Chatham House Version, and Other Middle Eastern Studies*, 1970), enviou uma poderosa mensagem àqueles que ainda não haviam perdido a fé nos ideais patrióticos e na soberania nacional da Grã-Bretanha. Kedourie foi crítico constante do "nacionalismo ideológico" que varrera a Europa no século XIX e que, em sua opinião, era uma ameaça à lei e à ordem em todo o mundo moderno (*Nationalism in Asia and Africa*, 1970). Mas via o patriotismo inglês como fleumático oposto das emoções coletivas instigadas pela moderna política de massa.

Outro exilado baseado na Escola Londrina de Economia, o húngaro Peter Bauer (1915-2002), montou, em uma série de publicações, o caso conservador contra a ajuda externa — a prática, como afirmou ele, de "recompensar os governos pelo empobrecimento de seu povo" (*Dissent on Development*, 1972). E ainda outro professor da escola, Kenneth Minogue (1930-2013), um imigrante da Nova Zelândia, devotou a vida à defesa intelectual do legado inglês e da constituição não escrita da liberdade. Em seus textos tardios (*The Servile Mind: How Democracy Erodes the Moral Life*, 2010), Minogue deu afiada expressão à tendência antidemocrática do conservadorismo, que, como comentei, também pode ser encontrada em Ortega. Minogue afirmou que a proliferação de valores democráticos sempre terminará por minar a cultura de distinção e emulação da qual uma sociedade civil duradoura depende. O seu foi um entre muitos ataques ao sistema de bem-estar inspirado pela obra do cientista social Charles Murray (*Losing Ground: American Social Policy 1950–1980*, 1984).

Talvez não seja acidental o fato de o conservadorismo inglês recente ter incluído tantas vozes imigrantes. Pois é privilégio do imigrante falar sem ironia sobre o Império Britânico e sua cultura única, as instituições e leis que tornaram a Grã-Bretanha um refúgio seguro para tantos em um mundo em chamas. Os nativos se mostram mais relutantes em falar, por medo do politicamente correto que vê o conservadorismo, em todas as suas formas, como inimigo. Não apenas a censura, mas uma cultura de repúdio reina na mídia e nas universidades, e se tornar conhecido como alguém que fala pelas instituições e hierarquias da Velha Inglaterra é cortejar o ridículo e o ostracismo do establishment de esquerda.

Não obstante, existem células de dissidentes, e sua influência tem sido desproporcional a seu tamanho. Típico do fenômeno é o grupo de historiadores que emergiu em torno de Maurice Cowling (1926–2005) na faculdade Peterhouse, de Cambridge. Sem exagerar a importância de Cowling, citarei o obituário que publiquei no site do *Open Democracy* em 2005, uma vez que ele fornece uma ideia da exuberante dissidência cultural que floresceu em alguns redutos durante minha vida:

> O intelecto de Maurice era uma imensa força negativa, capaz de minar qualquer convicção e despejar desdém sobre qualquer ligação emocional. Ele via as crenças conservadoras sob a mesma luz em que via todas as outras crenças, com exceção da fé cristã: como expedientes de interesse próprio a partir dos quais os indivíduos buscavam a boa opinião de seus pares e fechavam suas mentes

para as realidades desconfortáveis. Ele mesmo vivia com essas realidades desconfortáveis em termos relaxados, exigindo apenas pupilos inteligentes, a companhia de jornalistas maltrapilhos e um fluxo constante de uísque para continuar sorrindo gaiatamente do incessante espetáculo da tolice humana.

Sua abordagem iconoclástica do mundo das ideias foi parcialmente inspirada por suas incursões no mundo do jornalismo. O auge ocorreu em 1971, quando seu amigo de longa data George Gale, então nomeado editor do *Spectator*, o convidou para editar a seção de livros. Sob a direção de Gale e Cowling, *The Spectator* se tornou um sério veículo de ideias e uma articulada voz conservadora. O empreendimento chegou a um fim prematuro quando *The Spectator* mudou de mãos em 1974. Maurice retornou para suas salas em Peterhouse, a fim de continuar trabalhando em sua *magnum opus, Religion and Public Doctrine in Modern England,* cujo terceiro e mais extenso volume foi publicado em 2001. A obra tinha dois objetivos: mostrar a decisiva influência das ideias no desenvolvimento da sociedade inglesa moderna e destacar a permanente relevância da religião para determinar em que, exatamente, essas ideias se transformaram.

O método historiográfico de Maurice era o oposto do defendido pela escola dos Annales. Registros paroquiais, estatísticas hospitalares, tendências demográficas e censos socioeconômicos possuíam pouca importância em seus textos, se comparados a panfletos de clérigos anglicanos obscuros, correspondência entre membros da Câmara dos Lordes e rixas e crises dos professores de Oxbridge. O argumento sobre o anglicanismo que começou com Keble e o movimento de Oxford [uma manifestação precoce do conservadorismo cultural] se estendeu, na opinião de Maurice, a todos os movimentos intelectuais subsequentes que afetaram o curso da história inglesa: o partidarismo da cultura contra a ciência em Coleridge, Arnold, Ruskin e Leavis; os debates sobre a constituição em Mill, Acton, Dicey e Maitland; o conflito entre liberalismo e conservadorismo no Parlamento e fora dele; e toda a tendência assumida pela cultura inglesa moderna depois que ela foi varrida pelos ventos gelados do secularismo e certa noção sobre a fragilidade e a singularidade da Inglaterra substituiu a antiga certeza religiosa do Livro de Oração Comum.

Os críticos de Maurice consideravam sua escolha de tópicos excêntrica e seus métodos infundados. Outros, todavia, encontraram inspiração e iluminação em sua meticulosa atenção à composição mental e espiritual das figuras públicas. Se as ideias são tão importantes quanto ele as considerava, então uma vida como a dele, examinando-as, refutando-as e zombando delas, não foi passada em vão. E a imensa amplidão de seus conhecimentos significava que tudo que ele escrevia trazia novas informações e perspectivas ao assunto. Ele foi crítico mordaz do liberalismo, e seu livro sobre Mill foi a primeira grande tentativa, desde Sir James Fitzjames Stephen (*Liberty, Equality, Fraternity*, 1873-1874), de identificar a perspectiva liberal de Mill como ameaça à decência humana comum. Mas, embora Maurice tenha inoculado várias gerações de estudantes contra a ortodoxia liberal, suas próprias opiniões positivas eram difíceis de discernir através da cortina de fumaça da ironia.

A ironia que me pareceu central na visão de mundo de Maurice Cowling é, na verdade, uma característica distintiva do conservadorismo britânico, e especificamente inglês, em tempos recentes. Comentaristas conservadores, em suas tentativas de passar por cima da censura dos críticos, simultaneamente expressam suas visões e usam ironia para se afastar delas, como se não desejassem ser acusados do ingênuo hábito de acreditar no que já não pode ser aceito como verdade literal. Isso foi especialmente verdadeiro em relação ao grupo de escritores céticos em torno do *Spectator* e do *Daily Telegraph*, que se encontravam e bebiam no pub Kings and Keys em Fleet Street (acima do qual, na época, o *Telegraph* era editado) e no bar de vinhos El Vino, perto dali, que servia tanto jornalistas quanto advogados. Esses escritores incluíam T. E. Utley, o editorialista cego do *Telegraph* que tanto fez para modelar a agenda intelectual do governo de Margaret Thatcher; os jornalistas Colin Welch e Sir Peregrine Worsthorne; o romancista Kingsley Amis; e o historiador Paul Johnson, um desertor da esquerda cuja visão abrangente da história mundial tem sido um importante recurso para aqueles que veem a defesa da civilização ocidental como verdadeira causa conservadora.

Johnson pertence a outra categoria de dissidentes ingleses: a classe dos historiadores freelance, que se livram das restrições da história acadêmica e se devotam às grandes questões do governo moderno. A geração mais jovem de conservadores britânicos contém muitos desses historiadores, incluindo Andrew Roberts, Niall Ferguson e Jane Ridley. E muitos deles, assim como Maurice Cowling, se inspiraram em um dos grandes pensadores ingleses do século XIX, F. W. Maitland (1850–1906), que, na edição póstuma de suas aulas, *The Constitutional History of England* (1908), forneceu a prova clássica de que a constituição do Reino Unido é uma entidade definida, ainda que tácita e processual, a ser deduzida dos costumes, e não de qualquer documento escrito.

Maitland iniciou uma tentativa centenária de recuperar a história inglesa para a causa conservadora ao argumentar que não foi o Iluminismo que transformou a liberdade individual na fundação de nossa ordem política, e sim o *common law* e a representação parlamentar. Ele argumentou que o governo limitado tem sido a regra, e não a exceção, na Inglaterra; que os direitos reivindicados pelos teóricos dos séculos XVII e XVIII sempre estiveram implicados no *common law*; e que o processo de conciliação política tem sido o principal órgão de mudança constitucional desde os tempos medievais. A teoria marxista da história, que vê essas coisas como se desenvolvendo em resposta a forças econômicas, em vez de a princípios inatos próprios, não sobrevive facilmente ao detalhado relato da história constitucional inglesa feito por Maitland.

Ele também desenvolveu uma teoria sobre a personalidade jurídica, inspirada parcialmente pelo jurista conservador alemão Otto von Gierke (1841–1921) e parcialmente pelo direito inglês. Ele enfatizou a *equity** e o direito fiduciário como realizações singulares do gênio inglês — maneiras pelas quais as pessoas se uniam para um objetivo comum sem ameaça ou permissão do Estado. Essas instituições causaram a emergência precoce, na Inglaterra, de uma sociedade na qual a livre associação e as instituições autônomas limitavam os poderes do governo central. No fim, foi a visão de Maitland sobre a singularidade inglesa que inspirou o conservadorismo inglês de nossa época e a real razão pela qual foram seus historiadores, e não economistas ou filósofos, que adaptaram essa visão para as necessidades do momento.

O conservadorismo intelectual americano seguiu uma trajetória ligeiramente diferente. A despeito de sua constituição liberal, os Estados Unidos da América são, de muitas maneiras, o lugar no qual o conservadorismo, como filosofia social e política, tem sido mais influente, tanto na vida intelectual da nação quanto nas práticas de governo. São também um lugar no qual alguém pode se confessar conservador sem ser condenado ao ostracismo social.

Há duas razões principais para isso. A primeira é que a constituição foi designada como constituição *federal*, cujo propósito era unir os estados e, ao mesmo tempo, impor um número mínimo de condições para os diversos povos da União. Muitas questões pertinentes ao governo das comunidades modernas foram deixadas para as legislaturas estaduais individuais, e é na tentativa de recapturar poderes para a constituição federal, a fim de manter os costumes e tradições existentes, que o sentimento conservador tem se mostrado mais vigoroso.

---

* Como no caso de *common law*, aqui também se optou por manter a expressão original: *equity* não se reduz a "equidade", sendo um sistema de direito originalmente rival e hoje concomitante ao *common law*. [N. da T.]

A segunda razão está conectada à primeira: muitos dos costumes e instituições dos quais a sociedade americana depende são produto da associação civil e não são governados nem por órgãos federais, nem pelas estruturas legais dos estados. Durante seu crescimento como nação moderna, os Estados Unidos foram construídos a partir de baixo, através da livre associação de seus cidadãos — um ponto notado e elogiado por Tocqueville em *A democracia na América*. Isso ofereceu escopo para o conservadorismo como filosofia da sociedade civil — uma filosofia que delineia e justifica as formas intrínsecas da ordem civil, contra a tentativa de controlá-las e modificá-las através das instituições do Estado.

Nos Estados Unidos, tanto libertários quanto conservadores enfatizam a necessidade de uma sociedade livre do controle do Estado. Mas, ao passo que o libertário argumenta que o pensamento e a prática política devem se abster de exigir qualquer tipo de conformidade à lei ou a algum princípio para além do mínimo necessário à manutenção da liberdade individual, o conservador acredita — pelas razões que acabei de indicar — que há algo mais em jogo. A sociedade depende, para sua riqueza e continuidade, de costumes e tradições que são ameaçados pela liberdade individual, ainda que também sejam expressões dela. O fardo filosófico do conservadorismo americano tem sido definir esses costumes e tradições e demonstrar como eles podem sobreviver e florescer a partir de sua própria dinâmica interna, fora do controle do Estado.

Um efeito do gênio americano para a associação civil é de particular importância nessa conexão: as faculdades de artes liberais. Isso criou um extenso sistema de ensino superior no qual as universidades podem escolher seu currículo, seus valores e seus objetivos, sem referência a fatores políticos e, se necessário, em desafio ao politicamente correto. E a vastidão dos Estados Unidos, sua grande prosperidade e o número de oportunidades disponíveis significam que tais iniciativas estão sempre ocorrendo e coisas novas estão sempre crescendo, de modo que o vírus conservador, a despeito das mais vigorosas fumigações da esquerda, sempre criará raízes novamente em algum canto úmido e infestado de vida. É impossível, no espaço deste capítulo, mencionar todas as personalidades relevantes, mas duas em particular servirão como ilustração: William F. Buckley e Russell Kirk.

William F. Buckley Jr. (1925-2008) foi descrito por George H. Nash como "voz proeminente do conservadorismo americano e primeira grande figura ecumênica"[2] de sua geração; "ecumênica" porque tentou sintetizar em seus textos e em sua vida os três aspectos principais do movimento conservador americano: conservadorismo cultural, liberalismo econômico e anticomunismo. Seu primeiro livro, o altamente influente *God and Man at Yale* (1951), estabeleceu o tom para sua vida e sua obra ao atacar a universidade que ele frequentou por sua cultura claramente ateísta e incipientemente antiamericana. Desde o início, Buckley, católico romano devoto, foi um dissidente, um crítico espirituoso do establishment e um evangelista das causas perdidas. Em 1955, ele criou a *National Review*, que se tornou e permanece sendo o mais convicto e convincente dos muitos periódicos conservadores que surgiram no país desde a guerra. Nas páginas da *Review*, em seus muitos livros e artigos e na série de entrevistas para a TV *Firing Line*, Buckley tentou incansavelmente definir o conservadorismo como movimento político no qual as ideias desempenham o papel principal e o legado religioso e social dos Estados Unidos encontra uma voz adaptada aos tempos.

Sua defesa do liberalismo econômico o colocou no mesmo campo que a individualista radical Ayn Rand (1905-1982), cuja filosofia influenciou várias gerações de americanos, sendo expressamente apresentada como resposta agressiva ao comunismo e defesa da cultura

---

[2] *National Review Online*, 28 de fevereiro de 2008.

empreendedora dos Estados Unidos. Influenciada igualmente por Nietzsche e Darwin, Rand viu no capitalismo o mecanismo através do qual as sociedades criam as elites necessárias para governá-las, ao temperar argúcia e determinação na chama da competição. Ela descreveu sua filosofia como "objetivismo", afirmando que ele mostra as pessoas como são, e não como gostaríamos, em nossos momentos sentimentais, que elas fossem. Ela acreditava que sua visão tinha o apoio da ciência e desdenhava tanto a religião quanto os marxistas contra os quais iniciara sua batalha intelectual de vida inteira.

Rand argumentou que é mera ilusão acreditar que os espécimes mais pobres da humanidade se beneficiarão do socialismo, uma vez que as políticas socialistas apenas impedem que as pessoas melhores e mais úteis exerçam suas habilidades e talentos. Mas todos dependemos do sucesso dessas pessoas, que criam o espaço material e moral no qual seres inferiores podem encontrar seu nicho (*The Virtue of Selfishness*, 1964). Em seus romances, Rand tentou várias vezes pintar o retrato do Übermensch nietzschiano e, embora o resultado não agrade todo mundo, claramente atraiu muitos seguidores, cujo apoio fervoroso fez com que ela se tornasse uma das escritoras mais bem-sucedidas de sua época, ostensivamente preparada para viver a vida do Übermensch.

Buckley foi um daqueles a quem Rand não agradou. Ele achava seu ateísmo repugnante e sua forma peculiar de individualismo radical, desligada de todas as tradições e das formas normais de acomodação da imperfeição e das fraquezas humanas, completamente alheia ao que ele via como bondade essencial da herança americana. Ele achava importante separar o conservadorismo americano do supremacismo nietzschiano de Rand, que era um produto importado e imbuído do espírito extravagante da Revolução Russa, de cujas consequências a própria Rand fugira para o exílio nos Estados Unidos. Em 1964, ele escreveu sobre "a incompatibilidade entre sua filosofia ressequida e a ênfase conservadora na transcendência intelectual e moral", assim como "a incongruência de tom, esse dogmatismo duro, esquemático, implacável e inflexível que é objetável em si mesmo, venha da boca de Ehrenburg, Savonarola ou Ayn Rand".[3]

De modo similar, Buckley usou as páginas da *National Review* para distanciar o conservadorismo do antissemitismo e de qualquer outra forma de estereótipo racial. O importante para ele era estabelecer uma posição plausível em relação ao mundo moderno na qual todos os americanos, qualquer que fosse sua raça ou origem, pudessem ser incluídos e que defendesse as tradições religiosas e sociais do povo americano, assim como as instituições de governo concebidas pelos fundadores. Ele passou a admirar Martin Luther King e afirmou que os conservadores haviam cometido um grande erro ao se opor ao movimento pelos direitos civis nos anos 1960.

Buckley se engajou ativamente nas "guerras culturais", com uma coluna bissemanal, "On the Right", publicada em 320 jornais por todo o país. Ele viu no candidato presidencial de 1964, Barry Goldwater, a esperança para a revitalização do modo americano de vida, com religião, família e constituição restituídas a seu lugar central nas afeições do povo e os Estados Unidos assumindo uma posição firme contra a ameaça comunista e socialista tanto no país quanto exterior. Na época, Ayn Rand também era apoiadora fervorosa de Goldwater, que capturou a imaginação de muitos dissidentes intelectuais em um momento no qual os Estados Unidos oscilavam na direção de uma forma suave de quase socialismo. A derrota de Goldwater e seu desaparecimento da cena política alteraram fundamentalmente a ênfase do conservadorismo americano, que vem lutando em ações de retaguarda desde então.

Uma dessas ações de retaguarda está relacionada à constituição e ao papel da Suprema Corte em sua definição. Em uma série

---

[3] William F. Buckley Jr. "Notes toward an Empirical Definition of Conservatism". Em: *What is Conservatism?*, editado por Frank S. Meyer, 1964, p. 214.

de julgamentos, encorajada por liberais acadêmicos como Ronald Dworkin e respondendo a mudanças culturais cujo alcance vai muito além das universidades, a Suprema Corte adotou o hábito de ler na constituição direitos e liberdades que jamais ocorreram aos pais fundadores e teriam sido vistos com repugnância por eles. Em particular, para citar dois desenvolvimentos aos quais Buckley sem sucesso tentou se opor, a Suprema Corte "descobriu" na constituição americana o direito tanto ao aborto (parte de um indefinido "direito à privacidade") quanto ao casamento homossexual.

Uma das mais importantes batalhas do movimento conservador em anos recentes, portanto, tem sido travada em nome da constituição americana, contra aqueles que gostariam de ler no breve documento os direitos e as liberdades que apelam aos liberais modernos, mas não, de maneira geral, os que apelam aos conservadores (como o direito à vida da criança não nascida). Importante nessa batalha foi Robert H. Bork (1927–2012), advogado e jurista que afirmou que o dever do juiz é interpretar a intenção original dos fundadores de maneira estrita, e não importar interpretações que reflitam seus próprios desejos e preconceitos, divergindo do texto e do espírito do documento original (*The Tempting of America*, 1990). Embora haja espaço para divergência e a constituição possa ser extrapolada para lidar com circunstâncias que os fundadores não previram ou não tinham como prever, tais extrapolações devem ser guiadas pelo respeito às intenções gerais da constituição.

O hábito de importar interpretações para as cláusulas constitucionais a fim de satisfazer este ou aquele preconceito (usualmente liberal) equivale, de fato, a repudiar inteiramente a constituição e se recusar a reconhecê-la como limite aos poderes legislativo e judiciário. Além disso, autoriza a legislação judiciária, em desafio à vontade do Congresso e dos representantes eleitos pelo povo, sendo, portanto, uma violação das tradições democráticas do povo americano. Bork foi um crítico particularmente mordaz da decisão de *Roe v. Wade* (1973), que legalizou o aborto. Seus textos mais filosóficos, nos quais defendeu o legado espiritual e moral dos Estados Unidos contra a corrupção moderna, o situaram firmemente no campo conservador, como um forte aliado de Buckley e da *National Review*. Como resultado, sua nomeação para a Suprema Corte pelo presidente Reagan em 1987 foi tão veementemente contestada pelo establishment liberal que não pôde ser confirmada pelo Senado.

Outra figura importante do movimento conservador do pós-guerra que recebe menção aqui é Russell Kirk (1918-1994), cujo livro *The Conservative Mind* (1953) foi a primeira, e continuamente influente, tentativa de definir a posição conservadora como postura intelectual abrangente. Kirk auxiliou William Buckley na fundação da *National Review*, partindo em 1957 para fundar seu próprio periódico, *Modern Age*. Em *The Conservative Mind*, ele tenta descrever um movimento unificado — intelectual, político e cultural — do qual participariam os muitos pensadores e políticos conservadores. Fortemente influenciado por Eliot e por conservadores culturais cristãos como C. S. Lewis e G. K. Chesterton, Kirk afirmou que tanto as ideias quanto as políticas dos muitos que reagiram contra as ideias liberal-socialistas de seu tempo foram antecipadas por Burke e articuladas de uma maneira com a qual todos podemos aprender. De acordo com Gerald Russello, cujos textos sobre Kirk são muito mais claros que os do próprio Kirk, sua filosofia foi fundada nos seguintes "cânones" ou estados mentais:

1. Crença em uma ordem transcendente, que Kirk descreveu variadamente como baseada na tradição, na revelação divina ou na lei natural;
2. Afeto pela "variedade e mistério" da existência humana;
3. Convicção de que a sociedade exige ordem e classes que enfatizam as distinções "naturais";
4. Crença de que propriedade e liberdade estão estreitamente conectadas;

5. Fé nos costumes, na convenção e na prescrição, e reconhecimento de que a inovação deve estar amarrada às tradições e aos costumes existentes, o que requer respeito pelo valor político da prudência.

Esses cânones não são desenvolvidos de qualquer maneira sistemática por Kirk, que preferia vaguear pelo campo dos intelectos existentes, colhendo as flores que o atraíam. Na verdade, os cânones kirkianos, separados dos argumentos filosóficos que poderiam ser usados para justificá-los, têm um ar ligeiramente trivial e parecem mais uma lista de desejos que uma filosofia. Mesmo assim, é justo dizer que ele estabeleceu um exemplo para gerações de americanos do pós-guerra, especialmente os jovens, ao apresentar a posição conservadora como legado comum, crível como doutrina política e também inspiração para os mais elevados empreendimentos artísticos, como na poesia de T. S. Eliot.

Isso não significa que o legado filosófico do conservadorismo tem sido ignorado. A disputa sobre "justiça social", na qual Hayek mapeou o território, irrompeu mais recentemente na academia americana, em seguida à publicação da obra magistral do liberal John Rawls, *Uma teoria da justiça* (1970). A ampla defesa de uma posição socialista amena feita por Rawls, na qual a justiça reside na distribuição de bens e vantagens, e não nas ações dos indivíduos, é apoiada por argumentos elaborados, com base na teoria dos jogos, na filosofia moral e na metafísica analítica. O efeito, se não o objetivo, foi ofuscar a consciência conservadora ordinária. Consequentemente, os conservadores deixaram a resposta a cargo dos libertários — notadamente o filósofo Robert Nozick, que, em *Anarquia, Estado e utopia* (1974), argumenta que teorias de justiça como a de Rawls, que definem justiça em termos de um padrão de distribuição, sempre violam a liberdade e vão na contramão das "transferências preservadoras da justiça" que caracterizam nossas relações cotidianas. Os argumentos aqui são complexos e incessantes. Mas é justo dizer que os conservadores americanos, quando notaram tais argumentos, concordaram com a posição libertária.

Essa mescla entre as posições conservadora e libertária pode ser testemunhada no multifacetado movimento que surgiu tanto na Inglaterra quanto nos Estados Unidos nos anos 1970 e que, às vezes, é chamado de "Nova Direita", parcialmente porque foi, ao menos no nível intelectual, uma resposta ao movimento da "Nova Esquerda" dos anos 1960. O movimento da Nova Direita foi o companheiro intelectual da aliança política entre Reagan e Thatcher, uma tentativa de reafirmar os valores cívicos do Ocidente em face da agressão soviética e uma resposta não sistematizada às tentativas marxistas e neomarxistas de assumir o comando da academia. Foi menos ecumênico, no estilo de Buckley, que diversificado, consistindo amplamente na reação inglesa a três décadas de ortodoxia socialista amena, por parte de uma nova geração de suas exasperadas vítimas.

Um aspecto desse movimento, a defesa das "soluções de mercado" para os problemas sociais e políticos, cresceu e se transformou na abordagem da tomada de decisões políticas conhecida como "neoliberalismo" e associada, inicialmente, à teoria da escola de economia de Chicago e às teorias de "escolha pública" desenvolvidas na Universidade da Virgínia. Ambas as escolas são anteriores ao movimento da Nova Direita, tendo fornecido seu núcleo central de argumentos econômicos. Seus pensadores mais importantes incluem Milton Friedman em Chicago, cujo *Capitalismo e liberdade* (1962) se tornou a bíblia das *think tanks* conservadoras americanas durante a presidência de Ronald Reagan, e James M. Buchanan na Virgínia, cujo livro, *The Calculus of Consent: Logical Foundations of Constitutional Democracy* (1962), escrito em conjunto com Gordon Tullock, tenta explicar o funcionamento da democracia em termos puramente econômicos. Buchanan e outros desenvolveram as teorias do livro relatando o comportamento "buscador de renda" das burocracias, assim desmascarando muitas das alegações exageradas feitas em nome da "justiça social" do Estado de bem-estar e fornecendo uma poderosa resposta à visão de que o mercado é menos compassivo que a burocracia socialista.

Durante algum tempo, o neoliberalismo pareceu estar assumindo a forma de uma filosofia política abrangente, endossando a famosa tese de Joseph Alois Schumpeter (1882–1950) em *Capitalismo, socialismo e democracia* (1942), segundo a qual o empreendedor capitalista é o verdadeiro instrumento da adaptação positiva, arrebatando instituições e hábitos moribundos em uma tempestade de "destruição criativa". Todavia, a nova economia, na qual tudo — casamento, família, arte, fé e nação — era disponibilizado para venda em uma liquidação global, causou alarme disseminado tanto na direita quanto na esquerda, com o resultado de que, hoje, o neoliberalismo é mais frequentemente visto como ameaça a nosso legado que como parte importante dele.

Consequentemente, surgiu na Nova Direita uma tendência compensatória, na tentativa de proteger o que importa tanto da subversão pelo culto socialista da igualdade quanto da dissolução sob o impacto das forças globais, incluindo as de mercado. Esse movimento teve início na Inglaterra com a fundação da *Salisbury Review*, editada por mim, em 1982. Nomeada em homenagem a um primeiro-ministro, o terceiro marquês de Salisbury (1830–1902), a respeito de quem o público pouco sabe precisamente porque ele desejava fazer apenas mudanças imperceptíveis, a *Review* assumiu uma posição em defesa da identidade nacional e das ligações tradicionais contra a emergente ortodoxia do "multiculturalismo". Também foi um importante elo, durante os anos 1980, entre a Nova Direita e os movimentos dissidentes na Europa oriental, publicando cartas e artigos do underground tcheco, polonês e húngaro e enfatizando que o comunismo totalitário não era uma aberração no interior do marxismo, mas sim a condição na direção da qual as maneiras de pensar da Nova Esquerda inevitavelmente tendiam. Entretanto, sua importância esteve menos no confronto com a esquerda neomarxista que na defesa da cultura e das instituições inglesas em face do desafio apresentado pela migração em massa.

A Inglaterra viu o crescimento de comunidades islâmicas que rejeitam aspectos cruciais do Estado-nação. As escolas inglesas assumiram a ingrata tarefa de integrar as crianças dessas comunidades a uma ordem secular que seus pais denunciam como blasfema. E o establishment da esquerda liberal corre para condenar como "racista" qualquer pessoa — professor, assistente social ou jornalista — que discuta em linguagem clara e realista o que está acontecendo ao tecido social do país. Esses fatos definiram uma nova agenda para o conservadorismo, que a *Salisbury Review* adotou como sua nos anos 1980, com efeitos adversos para a carreira de seus escritores e de seu editor.

De fato, todas as velhas correntes de opinião tendem a parecer irrelevantes em nossa situação atual, na qual a defesa da civilização ocidental é menos uma questão de confrontar o ressentimento doméstico e os esquemas socialistas de justiça distributiva que de enfrentar um inimigo armado e doutrinado, na forma do islã radical. Novamente conservadores e liberais se veem lado a lado na defesa de seu objetivo comum: uma sociedade de indivíduos livres sob um governo que escolheram por si mesmos. Mas eles vivem, agora, em um mundo no qual as liberdades de expressão e de opinião são amplamente ameaçadas, o riso é perigoso e as suposições fundamentais do governo secular já não são partilhadas por todos que gozam de seus benefícios.

Como consequência, os conservadores se voltaram em uma nova direção, explorando as raízes do governo secular no legado cristão e o lugar da religião em uma sociedade que transformou a liberdade de consciência em um de seus princípios governantes. A invenção do rótulo "neoconservador", para denotar os conselheiros políticos e as *think tanks* que tentaram conduzir a política externa americana ao confronto direto com os movimentos despóticos e islamistas em todo o mundo, deve-se em parte ao reconhecimento de que o conservadorismo, em sua forma atual, já não trata da economia de mercado e da troca livre, mas sim de uma agenda global mais ampla.

Três pensadores tipificam o novo movimento de ideias: Samuel Huntington nos Estados Unidos, Pierre Manent na França e eu mesmo na Inglaterra. Começamos com premissas muito diferentes. Mas coincidimos em nossa crença de que a imigração muçulmana representa um desafio para a civilização ocidental e que a política oficial de "multiculturalismo" não é uma solução, mas parte do problema.

Samuel Huntington (1927–2008) foi um cientista político conhecido por sua obra sobre democratização, que, mais tarde, tratou da nova situação internacional após o colapso do comunismo. Em *O choque de civilizações e a recomposição da ordem mundial* (1996), ele afirmou que a guerra fria seria substituída por um conflito violento e desordenado entre civilizações, com o mundo islâmico reagindo à transferência global de atitudes, tecnologia e secularização ocidentais. Isso o levou a abordar, em *Who Are We?* (2002), a questão da identidade americana. Escrito após as atrocidades terroristas de 11 de setembro de 2001 (os ataques a Nova York e Washington DC), o livro argumenta que será impossível responder de modo coerente à ameaça islâmica sem recuperar a confiança em nossa própria identidade. Isso significa confiar não somente em nossas instituições políticas, mas também no legado espiritual sobre o qual elas repousam. A resposta correta à beligerância islamista, portanto, não é simplesmente a reafirmação da ordem liberal e do Estado secular. É a redescoberta de nós mesmos, em uma política sistemática de conservadorismo cultural.

O argumento de Huntington está centrado no que ele chama de credo americano e que acredita derivar da cultura "anglo-protestante" dos colonizadores originais. Como evidência, ele apresenta estudos históricos recentes que veem o desenvolvimento das instituições políticas americanas e a construção da ideia nacional americana como estando em continuidade com os "ressurgimentos" protestantes que varreram repetidamente o continente. Separar esse legado religioso da ideia de América e reconstituir como corpo político puramente secular o que começou a vida como compromisso sagrado seria negar a contribuição mais vigorosa à experiência americana.

O ponto, como Huntington o vê, é que as civilizações não podem ser defendidas meramente pela oferta de liberdade e tolerância. Oferecer tolerância àqueles tomados de animosidade por nosso modo de vida é abrir caminho para a destruição. Devemos redescobrir o que somos e no que acreditamos e, tendo redescoberto, estar preparados para lutar por isso. Essa é e sempre foi a mensagem conservadora. E aquilo em que acreditamos é um legado tanto religioso quanto político.

Argumentos similares são apresentados por Pierre Manent em *La Situation de la France* (2015), também escrito em resposta ao terrorismo islamista, nesse caso o assassinato da equipe editorial do jornal semanal *Charlie Hebdo* em janeiro de 2015. Manent (1949–) é professor de filosofia política na École des Hautes Études en Sciences Sociales de Paris e cofundador do periódico trimestral *Commentaire*, que tem sido uma fonte importante de pensamento conservador nas três últimas décadas. Influenciado por certa leitura de Leo Strauss (ver capítulo 4), Manent escreveu extensivamente sobre o significado mais profundo da civilização ocidental, que vê como continuidade da antiga cidade, definindo e estendendo a condição de cidadania contra a submissão religiosa e a dominação imperial. No contexto moderno, argumenta Manent, não podemos esperar que os cidadãos muçulmanos se submetam sinceramente à doutrina de "direitos humanos", como exposta na declaração original dos revolucionários franceses. Mas, mesmo assim, devemos encontrar em nossa sociedade um lugar que respeite seu modo de vida religioso. Consequentemente, precisamos oferecer a eles um objeto de lealdade que possam partilhar com os outros cidadãos. Para Manent, esse objeto de lealdade partilhada só pode ser a nação, concebida como legado espiritual sob um estado de direito. As alternativas transnacionais — a Europa, a União Europeia, a lei de direitos humanos e talvez a própria Umma islâmica — são pouco atraentes ou conflitam com a necessidade imediata e urgente de integração da minoria muçulmana. Todavia, a elite governante foi conivente com o enfraquecimento deliberado da nação, adotando a globalização e o projeto europeu como únicos guias para o futuro e acreditando que todos os franceses poderiam viver como indivíduos radicais, unidos por nada mais que a lei imparcial da república secular.

Pior ainda: nos círculos oficiais, tem havido silenciamento deliberado das discussões, recusa em descrever as coisas por seus nomes corretos e adoção da palavra-propaganda "islamofobia" para criar um inimigo totalmente imaginário. No que diz respeito à versão oficial dos eventos, o terrorismo islamista é resposta a um crime contínuo contra a comunidade muçulmana — crime cometido por qualquer um que observe que os costumes muçulmanos atritam com a ordem social tradicional da França. A propaganda oficial ignora o fato de que a comunidade muçulmana no país é financiada e guiada de fora — pela próspera comunidade vaabita da Arábia Saudita, por exemplo — e não tem motivo para ver a França como fonte e objeto de sua vida comunal. O projeto europeu apenas exacerba o problema, uma vez que a integração da comunidade muçulmana só pode ocorrer no nível nacional, no qual os muçulmanos são representados por seus votos, e não no nível europeu, no qual as pessoas não contam.

A sutil resposta de Manent à questão do islã na França é também uma profunda ponderação sobre o legado político e cultural francês e uma defesa da ideia nacional que inspirou o *renouveau catholique* descrito no capítulo 4. Minhas próprias reflexões, publicadas em 2002 em *The West and The Rest* e concebidas após os ataques terroristas de 11 de setembro de 2001, são uma tentativa de demonstrar a tensão entre o islã sunita tradicional e o estado de direito criado pelo homem. Nele, eu argumento que existe uma profunda clivagem entre uma comunidade religiosa, modelada por leis sagradas e submissão a um Deus que não reconhece fronteiras nacionais nem os direitos de seus oponentes, e uma comunidade política como a nossa, na qual há oposição legal, leis criadas pelo homem, governo secular, liberdade de opinião e instituições representativas. A comunidade política depende de uma lealdade pré-política, e concordo com Manent quando diz que essa lealdade deve ser definida em termos nacionais.

Lealdade nacional significa ligação com o território que partilhamos com nossos vizinhos. É o terreno das liberdades de que gozamos e que foram anunciadas e protegidas na constituição americana. A forma política de coexistência é uma conquista preciosa com a qual conservadores, liberais e socialistas deveriam estar comprometidos e cujo preço deveriam estar preparados para pagar. Ela é ameaçada tanto pela intransigência islamista quanto pela cultura de repúdio que prevalece na esquerda e que denuncia toda tentativa de defender nosso legado como "racista" ou "xenofóbica".

O que está em jogo, para liberais e conservadores — e para socialistas, se eles se permitirem pensar a respeito —, é o legado ocidental de cidadania e a identidade que o acompanha. Eis como apresentei a questão:

Cidadãos gozam de direitos — tanto dos "direitos humanos" ou "direitos naturais", que são a precondição para consentirem em ser governados, quanto do direito de participação no processo político. Eles também possuem deveres para com os outros cidadãos, e esses deveres derivam de uma experiência peculiar de filiação. Cidadãos são, antes e acima de tudo, membros de uma sociedade de estranhos comprometida com a defesa do território comum e com a manutenção da lei que a ele se aplica. A cidadania, portanto, depende de lealdades pré-políticas do tipo territorial — lealdades enraizadas em um senso de domicílio comum e da sociedade transgeracional que nele reside. Em resumo, a cidadania como a conhecemos depende da nação, definida como organismo autorrenovável coberto pelo manto de um Estado governado pela lei (pp. 60–61).

O islã, por contraste, oferece uma lealdade pré-política que é definida sem referência ao território, que nega a liberdade religiosa e vê Deus, e não a política, como fonte última da lei. O confronto com o extremismo islâmico, como afirmei, "requer uma alternativa verossímil para os absolutos conjurados pelos extremistas. Requer não apenas que acreditemos em algo, mas também que descubramos maneiras de colocar nossas crenças em prática". Como Manent, estou olhando para o legado espiritual do cristianismo e para as duas grandes leis de Cristo, que nos orientou a amar a Deus sobre todas as coisas e ao próximo como a nós mesmos. Como ele demonstrou com seu exemplo e suas parábolas, o próximo não é o irmão de crença, o membro da família ou o colega militante, mas aquele que cruza nosso caminho: aquele que, por qualquer razão, está por perto. O Estado-nação eleva a proximidade e o território à coisa a qual pertencemos. É a maneira de reconciliar pessoas de diferentes fés e estilos de vida, como foram reconciliadas nos Estados Unidos e teriam sido reconciliadas na Europa se as elites tivessem reconhecido que a representação política é a solução para os problemas atuais e só é possível com a presunção de uma identidade nacional partilhada. Nossa esperança é que surja uma forma de islã que aceite essas verdades e leve a sério a frase dita pelos muçulmanos do Oriente Médio: *sabaHan man jama'naa* — louvados sejam todos que cruzarem nosso caminho.

Essa posição é um desafio direto aos hábitos de censura e autopunição que informam nossa vida pública. Hoje, como sempre, os conservadores sofrem sob o fardo da desaprovação, que eles acreditam vir de seu hábito de dizer a verdade e que seus oponentes atribuem à "nostalgia" por um modo de vida antigo e erroneamente rememorado ou à falta de compaixão pelos novos modos de vida que surgiram para substitui-lo. Minha opinião pessoal é que o conservadorismo será um ingrediente necessário de qualquer solução para os problemas emergentes e que, consequentemente, a tradição de pensamento que delineei neste livro deveria ser parte da educação dos políticos em todo o mundo.

Leitura complementar e bibliografia

O leitor em busca de uma defesa do conservadorismo em termos contemporâneos pode querer dar uma olhada em minha obra *Como ser um conservador* (Rio de Janeiro: Record, 2017). As fontes que usei incluem artigos, críticas e obras literárias que não necessariamente foram mencionados nesta bibliografia. Segue-se uma lista das principais obras em que me baseei, com os autores listados em ordem alfabética e, onde for conveniente, as edições modernas disponíveis.

Arnold, Matthew. *Culture and Anarchy* [1869]. Edição de Jane Garnett. Oxford: Oxford World'Classics, 2009.
Bauer, Peter T. (Lord Bauer). *Dissent on Development*. Cambridge MA: Harvard UP, 1972.
Bentham, Jeremy. *Uma introdução aos princípios da moral e da legislação* [1789]. São Paulo: Abril Cultural, 1984.
Berry, Wendell. *The Unsettling of America* [1977]. Londres: Avon Books / HarperCollins, 2015.
Blackstone, Sir William. *Commentaries on the Laws of England* [1765–1769]. Edição de Wilfrid Prest, 4 volumes. Oxford: OUP, 2016.
Bloom, Allan. *The Closing of the American Mind*. Nova York: Simon & Schuster, 1987.
Bork, Robert H. *The Tempting of America: Political Seduction of the Law*. Nova York: Touchstone, 1991.

Buchanan, James M. e Tullock, Gordon. *The Calculus of Consent: Logical Foundations of Constitutional Democracy* [1962], 3 volumes. Liberty Foundation, 1999.

Buckley, William F. Jr. *God and Man at Yale: The Superstitions of Academic Freedom* [1951]. Washington DC: Regnery, 1977.

Burke, Edmund. *Reflexões sobre a revolução na França* [1790]. São Paulo: Edipro, 2014.

Burnham, James. *The Managerial Revolution: What is Happening in the World* [1941]. Nova York: Praeger, 1972.

_____. *A luta pelo mundo* [1947]. Rio de Janeiro: A Noite, s/d.

_____. *Suicide of the West: An Essay on the Meaning and Destiny of Liberalism* [1964]. Nova York: Encounter Books, 2014.

Carlson, Allan C. *The New Agrarian Mind: The Movement Toward Decentralist Thought in Twentieth-Century America*. New Brunswick: Transaction Books, 2000.

Chambers, Whittaker. *Witness* [1952]. Washington DC: Regnery, Cold War Classics, 2014.

Chateaubriand, François-René, visconde de. *O gênio do cristianismo* [1802]. São Paulo: W. M. Jackson, Inc., 1956.

Chesterton, G. K. *Hereges* [1905]. Campinas: Ecclesiae, 2011.

_____. *Ortodoxia* [1908]. São Paulo: Mundo Cristão, 2008.

_____. *O homem eterno* [1925]. São Paulo: Mundo Cristão, 2010.

Coleridge, Samuel Taylor. *On the Constitution of the Church and State, According to the Idea of Each* [1830]. Londres: Forgotten Books, 2012.

Cowling, Maurice. *Religion and Public Doctrine in Modern England*, 3 volumes. Cambridge: CUP, 1980–2001.

Disraeli, Benjamin, conde de Beaconsfield. *Sybil, or The Two Nations* [1845]. Edição de Sheila Smith. Oxford: OUP, Oxford World's Classics, 2008.

Eliot, Thomas Stearns. *The Sacred Wood, Essays on Poetry and Criticism* [1920]. Londres: Faber and Faber, 1997.

Eliot, Thomas Stearns. *A ideia de uma sociedade cristã* [1939]. São Paulo: É Realizações, 2016.

Friedman, Milton. *Capitalismo e liberdade* [1962]. São Paulo: Nova Cultural, 1985.

Hamilton, Alexander e Madison, James. *The Federalist Papers* [1787–1788]. Oxford: Oxford World's Classics, 2008.

Harrington, James. *The Commonwealth of Oceana and A System of Politics*. Edição de J. G. A. Pocock. Cambridge: Cambridge University Press, 1992.

Hayek, Friedrich von. *O caminho da servidão* [1944]. Porto Alegre: Globo, 1977.

_____. *Os fundamentos da liberdade* [1961]. S/l: Visão, 1983.

_____. *Direito, legislação e liberdade*, 2 volumes. S/l: Visão, 1985.

Hegel, G. W. F. *Fenomenologia do espírito* [1806]. Petrópolis: Vozes, 1992.

_____. *Princípios da filosofia do direito* [1821]. São Paulo: Martins Fontes, 1997.

Herder, J. G. von. *Ideen zur Philosophie der Geschichte von Menschheit* [1784–1791]. Compilado em F. M. Barnard. *Herder on Nationality, Humanity and History*. Toronto: McGill University Press, 2004.

Hobbes, Thomas. *Leviatã* [1651]. São Paulo: Martin Claret, 2007.

Hooker, Richard. *Of the Laws of Ecclesiastical Polity* [1594]. Em: *Works*, 3 volumes. Edição de John Keble. Oxford, 1836.

Hume, David. *História da Inglaterra: Da invasão de Júlio César à Revolução de 1688* [1744], 3 volumes. São Paulo: Unesp, 2017.

_____. *Ensaios morais, políticos e literários* [1777]. São Paulo: Abril Cultural, 1973.

Huntington, Samuel. *O choque de civilizações e a recomposição da ordem mundial*. Rio de Janeiro: Objetiva, 1997.

_____. *Who Are We? America's Great Debate*. Nova York: Free Press, 2002.

Jefferson, Thomas. "Declaração da Independência" [1776] e *Notes on the State of Virginia* [1784]. Em: *Jefferson: Political Writings*. Edição de Joyce Oldham Appleby. Cambridge: Cambridge CUP, 1999.

Kant, Immanuel. *Kant's Political Writings*. Edição de H. S. Reiss. Cambridge: CUP, 1991.

Kedourie, Elie. *Nationalism*. 4ª edição expandida. Oxford: Blackwell, 1993.

_____. *The Chatham House Version, and Other Middle Eastern Studies*. Edição de David Pryce-Jones. S/l: Ivan R. Dee Inc., 2004.

Kirk, Russell. *The Conservative Mind, from Burke to Eliot* [1953]. Edição resumida. Nova York: Stellar Classics, 2016.

Leavis, F. R. *New Bearings in English Poetry* [1932]. Londres: Faber & Faber, 2008.

_____. *Revaluation* [1936]. Harmondsworth: Penguin Books, 1964.

_____. *Education and the University* [1943]. Cambridge: CUP, 1979.

_____. *The Great Tradition* [1948]. Harmondsworth: Penguin, 1972.

Lewis, C. S. *Cristianismo puro e simples* [1952]. São Paulo: Martins Fontes, 2017.

Locke, John. *Dois tratados de governo civil* [1690]. Lisboa: Edições 70, 2006.

Maistre, Comte Joseph de. *Principe générateur des constitutions politiques* [1809]. *Generative Principle of Political Constitutions*. Em: *The Works of Joseph de Maistre*. Edição e tradução de Jack Lively. Londres: George Allen & Unwin, 1965.

Maitland, Frederic William. *The Constitutional History of England: A Course of Lectures Delivered*. Cambridge: CUP, 1908.

Manent, Pierre. *La Situation de la France*. Paris: Desclee de Brouwer, 2015.

Mason, George. "The Virginia Declaration of Rights" [1776]. Em: Robert C. Mason. *George Mason of Virginia, Citizen, Statesman, Philosopher – Primary Source Edition*. Charleston: Nabu Press, 2013.

Minogue, Kenneth. *The Servile Mind*. Nova York: Encounter Books, 2010.

Montesquieu, Charles-Louis de Secondat, barão de. *O espírito das leis* [1734]. São Paulo: Saraiva, 1992.

Nozick, Robert. *Anarquia, Estado e utopia*. Rio de Janeiro: Jorge Zahar, 1994.

Oakeshott, Michael. *Rationalism in Politics* [1962]. Nova edição: *Rationalism in Politics and Other Essays*. Edição de Timothy Fuller. Liberty Fund, 1991.

_____. *On Human Conduct* [1975]. Oxford: Clarendon Press, 1991.

Ortega y Gasset, José. *A desumanização da arte* [1925]. São Paulo: Cortez, 1991.

_____. *A rebelião das massas* [1930]. São Paulo: Martins Fontes, 1987.

Orwell, George (Eric Blair). *Essays*. Edição de Bernard Crick. Harmondsworth: Penguin Modern Classics, 2000.

Paine, Thomas. *Os direitos do homem* [1791-1792]. Petrópolis: Vozes, 2007.

Rand, Ayn. *The Virtue of Selfishness* [1964]. Nova York: Signet, 1992.

Ransom, John Crowe (ed.). *I'll Take My Stand: The South and the Agrarian Tradition* [1930]. S/l: Peter Smith Pub Inc., 1951.

Rousseau, Jean-Jacques. *O contrato social* [1762]. São Paulo: Escala; s/d.

Ruskin, John. *The Works of John Ruskin*. Edição de Edward Tyas Cook, 39 volumes. Cambridge: CUP, 2010.

Schumpeter, Joseph A. *Capitalismo, socialismo e democracia* [1942]. São Paulo: Unesp, 2017.

Scruton, Roger. *The West and the Rest, Globalisation and the Terrorist Threat*. Londres: Continuum, 2003.

Smith, Adam. *Teoria dos sentimentos morais* [1759]. São Paulo: Martins Fontes, 2015.

_____. *A riqueza das nações* [1776]. Rio de Janeiro: Nova Fronteira, 2017.

_____. *Lectures on Jurisprudence* [1762-1766]. Edição de Ronald L. Meek. Glasgow: Glasgow University Press, 1982.

Stephen, Sir James Fitzjames. *Liberty, Equality, Fraternity* [1873-1874]. Ann Arbor: University of Michigan, 1884. Nova edição: Literary Licencing LLC, 2014.

Strauss, Leo. *The City and Man*. Charlottesville: University of Virginia Press, 1964.

Tate, Allen. *Collected Poems*. Nova York: Farrar, Straus & Giroux Inc., 2007.

Thoreau, Henry David. *Walden* [1854]. São Paulo: Edipro, 2018.

Tocqueville, conde Alexis de. *A democracia na América* [1835]. São Paulo: Martins Fontes, 2014.

_____. *O antigo regime e a revolução* [1856]. Coleção Folha Os grandes pensadores. São Paulo: Folha de S. Paulo, 2015.

Weaver, Richard. *As ideias têm consequências*. São Paulo: É Realizações, 2016.

Weil, Simone. *O enraizamento* [1949]. São Paulo: EDUSC, 2001.

_____. *A gravidade e a graça* [1952]. São Paulo: Martins Fontes, 1993.

Índice

1984 (Orwell), 112

A
A revolução dos bichos (Orwell), 112
aborto, 124, 125
Admirável mundo novo (Huxley), 76
agnosticismo, 61
agrários sulistas, 70, 83-85
ajuda externa, 114
alienação, 70
Amis, Sir Kingsley, 118
amizade, 98-99
anarquia, 45, 75, 94
Anarquia, Estado e utopia (Nozick), 126
Antigo regime e a revolução, O (Tocqueville), 65-66
Aquino, São Tomás de, 16
Arábia Saudita, 132
aristocracia, 18, 23-24, 32, 62, 64, 65, 66, 75, 76, 83; *ver também* classe
Aristóteles, 10, 13, 43, 95, 98
Arnim, Achim von, 82
Arnold, Matthew, 70, 74-76, 81, 116
Arnold, Thomas, 75
Assemblée Nationale, 37, 38, 46
associação civil, 39, 50, 53, 54, 55, 56, 59, 98-99, 120; *ver também* associação de empreendimento; livre associação; associação política
associação de empreendimento, 98; *ver também* associação civil; livre associação; associação política
associação política, 97, 98; *ver também* associação civil; associação de empreendimento; associação livre
associação *ver* associação civil; livre associação; associação de empreendimento; associação política
astúcia da razão, 53-54, 56
autonomia da vontade, 48; *ver também* Kant, Immanuel
autoridade soberana *ver* poder soberano; soberania

B
Bach, J. S., 79
Baudelaire, Charles, 77
Bauer, Peter, 114
Bentham, Jeremy, 69, 70
Berlioz: The Making of an Artist (Cairns), 63
Bernanos, Georges, 105
Berry, Wendell, 85
Blackstone, Sir William, 22, 29

Bloom, Allan, 86, 113
Böhm-Bawerk, Eugen von, 91
bolchevismo, 112
Bork, Robert H., 124-125
Boswell, James, 27
Brentano, Clemens, 82
Buchanan, James M., 127
Buckley Jr., William F., 121, 122-123, 124, 125, 127
Bunyan, John, 81
Burckhardt, Jacob, 14
Burke, Edmund, 8, 12, 13, 20, 24, 26, 37, 38-46, 49, 53, 54, 56, 75, 87, 92, 97, 125
Burnham, James, 100-102
Bush, George W. (presidente americano), 86

C
Cahiers de la Quinzaine (Péguy), 104
Cairns, David, 63
cálculo felicífico, 70
Calculus of Consent: Logical Foundations of Constitutional Democracy, The (Buchanan e Tullock), 127
Câmara dos Comuns, 15
Caminho da servidão, O (Hayek), 91, 96, 114
Camus, Albert, 106
capital, acúmulo de, 56
Capitalismo e liberdade (Friedman), 127
capitalismo, 56, 72, 76, 93, 100, 101, 122, 127-128
Capitalismo, socialismo e democracia (Schumpeter), 128
Carlson, Allan C., 85
carta de direitos (1689), 15
carta de direitos (EUA, 1791), 30, 32, 37
cartismo, 68
casamento homossexual, 124

casamento, 53, 54, 124, 127
catalaxia, 94
Caza y los toros, La (Ortega), 108
censura, 115, 135
Chambers, Whittaker, 100, 103
Charlie Hebdo (jornal), 131
Chateaubriand, François-René de, 8, 57-58, 62-63, 66, 68, 70-71, 73, 83, 104
Chatham House Version, and Other Middle Eastern Studies, The (Kedourie), 114
Chesterton, G. K. (Gilbert Keith), 79-80, 125
Choque de civilizações e a recomposição da ordem mundial, O (Huntington), 130
CIA (Agência Central de Inteligência), 102
cidade-estado, 98
classe média, 75; *ver também* classe
classe trabalhadora 68, 73, 75, 76, 100, 112, 113; *ver também* classe
classe, 38, 56, 64, 68, 71, 73, 75, 76, 100, 101, 112, 113-114, 125; *ver também* aristocracia; classe média; classe trabalhadora
Closing of the American Mind, The (Bloom), 113
Coleridge, Samuel Taylor, 8, 70, 81
coletivismo, 21, 31
Commentaire (jornal), 131
Commentaries on the Laws of England (Blackstone), 22
common law, 22-23, 30, 33-34, 37-38, 59, 92, 93, 95-96, 118
Commonwealth of Oceana, The (Harrington), 17
competição, 12, 16
Comte, Auguste, 69
Comuna de Paris (1871), 104
comunismo, 12, 55, 86, 95, 100-104, 109, 112, 121, 123, 128, 130

ÍNDICE

Congresso (EUA), 20, 61, 124
Congresso de Liberdade Cultural, 102
consentimento, 15, 17, 18, 19, 21, 25, 59, 97, 133; *ver também* legitimidade
conservadorismo cultural, 68, 70, 76-77, 78-79, 80, 81, 83, 84-85, 90, 101-102, 105, 107, 121
Conservative Mind, The (Kirk), 125
constituição (EUA), 18, 20, 29-30, 31, 37, 38, 58, 61, 64, 85, 100, 119-120, 123-125, 133-134; *ver também* constituição (inglesa); governo constitucional
constituição (inglesa), 14-15, 19, 22-23, 26, 67, 71, 107, 114, 116, 118; *ver também* constituição (EUA); governo constitucional
Constitutional History of England, The (Maitland), 118
contrato social, 16, 17, 18-19, 24, 25, 39, 43-44, 49, 54, 55
controle estatal, 36-37
Convenção da Filadélfia (1787), 37
corporações, 54, 55, 57; *ver também* instituições autônomas
Cowling, Maurice, 116, 118
credo americano, 130-131
Cristianismo puro e simples (Lewis), 79
cristianismo, 14, 63, 68, 72, 73, 79, 99, 106, 107, 113, 115-116, 125
Criterion, The (revista), 78
crítica literária, 79, 80, 84
cultura, 71, 74, 75
Culture and Anarchy (Arnold), 74
Cursos de estética (Hegel), 8

D

d'Alembert, Jean de Rond, 32
Daily Telegraph, 117

Darwin, Charles, 122
declaração americana de independência *ver* declaração da independência americana
declaração da independência americana (1776), 29, 86
Declaração de Direitos da Virgínia, (1776) 29-30
"Declaração dos direitos do homem e do cidadão", 37-38, 46, 132
Democracia na América, A (Tocqueville), 58, 63, 108, 120
democracia parlamentar, 15, 118
democracia, 14, 64, 94, 108, 127
Departamento de Estado (EUA), 103
despotismo da liberdade, 45
despotismo democrático, 65
Desumanização da arte, A (Ortega), 107
deveres do cidadão, 33-34, 42, 46, 48-49, 50, 59, 73, 112, 133-134
deveres do Estado, 54, 56, 99
dialética, 51, 52, 57
Dialogues des Carmélites, Les (Poulenc), 107
Dicionário da língua inglesa (Johnson), 27
Diderot, Denis, 32
dilema do prisioneiro, 13; *ver também* escolha
direito à privacidade, 124
direito abstrato, 49, 51
direito ao voto, extensão do, 67, 76
direito divino dos reis, 15, 20, 25, 58
direito internacional, 49
direito romano, 54, 95
direitos civis, 56, 123
Direitos do homem, Os (Paine), 46
direitos humanos, 22, 29, 131, 133; *ver também* direitos naturais
direitos inalienáveis, 18

direitos naturais, 18-19, 21, 22, 69, 86, 133; *ver também* direitos humanos
Disraeli, Benjamin, primeiro conde de Beaconsfield, 76
Dissent on Development (Bauer), 114
divisão de poderes, 56
Dois tratados de governo civil (Locke), 18, 20
Donoghue v. Stevenson, 96
"Dover Beach" (Arnold), 74
Dworkin, Ronald, 124

E

economia de livre mercado, 71
economia de mercado, 34, 35, 37
Eduardo III (rei da Inglaterra), 15
educação universal, 75; *ver também* educação
educação, 40, 50, 56, 71, 75, 80, 87, 99; *ver também* ensino superior; educação universal
Education and the University (Leavis), 80
Elegias de Duíno (Rilke), 89
Eliot, T. S. (Thomas Stearns), 8, 45, 70, 77-79, 80, 81, 106, 109, 125, 126
emancipação católica, 68
empirismo, 25, 26, 70, 72
Encyclopédie (d'Alembert e Diderot), 32
Engels, Friedrich, 10, 12
Enghien, duque de, 62
Enraizamento, O (Weil), 105
ensino superior, 120; *ver também* educação
Escócia, 67
escola austríaca, 35-36, 41, 91-92
escola de Chicago, 127
Escola Londrina de Economia, 99, 114
escola Rugby, 75
escolha coletiva, 13, 94; *ver também* escolha; dilema do prisioneiro

escolha, 13, 17, 23, 27, 28, 40, 43, 44, 54, 94, 97, 127
escravidão, 31, 50, 84
España invertebrada (Ortega), 107
espectador imparcial, 33, 93
Espírito das leis, O (Montesquieu), 19
Essai sur le principe générateur des constitutions politiques (Maistre), 58
Estado coletivista, 19, 31
Estado de bem-estar social, 56, 91, 115, 128
estado natural, 17, 18, 22, 25, 51, 52
Estado, 15, 16, 17, 19, 21, 28, 34, 36, 40, 54
Estado-nação, 9, 48, 82, 129, 134
estoicismo, 15-16
"eu", 12, 44, 51, 90
extremismo islâmico, 132-134
extremismo religioso, 111

F

famílias, 10, 11, 12, 31, 39, 40, 42, 48, 53, 55, 95, 108, 123, 128, 134; *ver também* obrigação não contratual
fascismo, 86, 97, 108, 109
Federalist Papers, The ("Publius"), 31
Fenomenologia do espírito (Hegel), 50, 52
Ferguson, Niall, 118
Filhos e amantes (Lawrence), 76
Filmer, Sir Robert, 20
Filosofia da história (Hegel), 57
fim da história, 57
Firing Line (série de TV), 121
folclore, 82
forças de mercado, 31
Fors Clavigera (Ruskin), 73
Fourier, François Marie Charles, 69
fraternidade, 97
Friedman, Milton, 127
Fundamentos da liberdade, Os (Hayek), 91, 94

G

Gale, George, 116
Gênio do cristianismo, O (Chateaubriand), 62, 63
Gierke, Otto von, 119
Giono, Jean, 105, 106
God and Man at Yale (Buckley), 121
Goldwater, Barry, 123
governo constitucional, 9, 15, 18, 20, 22, 54, 56, 59, 71, 86, 93-94, 118; *ver também* constituição (inglesa); constituição (EUA)
governo de baixo para cima, 40-41
governo descentralizado, 64
governo eclesiástico 16; *ver também* governo secular
governo representativo, 98
governo republicano, 17, 26, 49, 66, 103, 104, 108, 132; *ver também* monarquia
governo secular, 15-16; *ver também* governo eclesiástico
Grande Depressão (1929-1934), 100
Gravidade e a graça, A (Weil), 107
Great Tradition, The (Leavis), 81
guerra civil americana, 83, 84
guerra civil espanhola, 108-109
guerra civil inglesa, 17, 20, 23
guerra civil *ver* guerra civil americana; guerra civil inglesa; guerra civil espanhola
guerra do Iraque, 86
guerra fria, 101, 130

H

Hamilton, Alexander, 31
Harrington, James, 17, 19, 23, 27, 30, 32
Hart, H. L. A., 95-96
Hayek, Friedrich August von, 8, 23, 41, 45, 91-97, 104, 105, 114, 126
Hegel, Georg Wilhelm Friedrich, 8, 41, 48-60, 72, 87, 92
Herbert, George, 106
Herder, Johann Gottfried von, 81-82
História da Inglaterra (Hume), 25
Hobbes, Thomas, 16-19, 23, 43
Hofmannsthal, Hugo von, 8, 76
Homem eterno, O (Chesterton), 79
Homem sem qualidades, O (Musil), 89
Hooker, Richard, 16, 18
Hume, David, 24-26, 33
Huntington, Samuel, 130-131
Husserl, Edmund, 107
Huxley, Aldous, 76

I

I'll Take My Stand (Ransom), 83
Ideas on the Philosophy of the History of Mankind (Herder), 82
Ideia de uma sociedade cristã, A (Eliot), 78
ideia ética, 54
Ideias têm consequências, As (Weaver), 10, 84
Ideologia alemã, A (Marx e Engels), 12
Igreja anglicana, 23, 24, 27, 68, 71, 78, 100, 109, 116
Igreja católica romana, 58, 60, 61, 108
Igreja da Inglaterra *ver* Igreja anglicana
Igreja e Estado, 16, 68
igreja estabelecida *ver* Igreja anglicana
igualdade, 21, 48, 52, 57, 64-65, 90, 95, 97, 113, 128
igualdade, princípio da, 64
igualitarismo, 62, 66, 73, 90, 91
Iluminismo escocês, 32; *ver também* Iluminismo
Iluminismo, 9, 12-13, 14, 16, 19, 25, 32, 59, 62, 66, 67, 70-71, 81, 82, 118
Império Austro-Húngaro, 89, 95

Império Britânico, 115
independência judiciária, 19, 64, 124-125
industrialização, 66, 68, 70, 72, 76, 84, 105, 106
instituições autônomas, 55, 119; *ver também* corporações
Introdução aos princípios da moral e da legislação, Uma (Bentham), 69
Investigação sobre a natureza e as causas da riqueza das nações, Uma (Smith), 33, 34
Irlanda, 67, 68
islã sunita, 133
islã, 111, 129-135
islamofobia, 132

J
jacobinos, 55, 65, 90
James II (rei da Inglaterra), 15
James, Henry, 31, 80
Jay, John, 31
Jefferson, Thomas, 22, 29-32, 37, 82
jesuítas, 58
Joana d'Arc (Santa), 104, 106
João Paulo II (papa), 106
Johnson, Paul, 118
Johnson, Samuel 24, 26-28
jovens hegelianos, 50
judiciário, 64
julgamento por júri, 64-65
justiça distributiva, 129
justiça social, 91, 95, 126-128
justiça, 16, 26, 34, 91, 94, 95, 126

K
Kant, Immanuel, 48-49, 51, 70, 81, 106
Kedourie, Elie, 114
King, Martin Luther, 123
Kirk, Russell, 125-126

Knaben Wunderhorn, Des (Arnim e Brentano), 82
Koestler, Arthur, 103

L
Lafayette, marquês de, 37
Laforgue, Jules, 77
Laing, R. D., 10
Lawrence, D. H., 76, 81
Leavis, F. R., 70, 80-81, 100, 116
Lectures on Jurisprudence (Smith), 33
legado cristão, 58, 60, 62-63, 72, 78, 89, 129, 134
Legitimidade, 15-19, 22-24, 25, 28, 45, 46, 48, 53, 60, 61, 98; *ver também* consentimento
Lei de Ajuda Católica (1829), 67
Lei de Reforma (1832), 67
Lei de Representação Popular (1867), 75
lei estatutária, 93
lei moral, 82
lei natural, 16, 18, 22-23, 125; *ver também* leis criadas pelo homem
lei religiosa, 133-135
lei universal, 48, 82, 106
Lei, 9-12, 15-16, 18, 22-23, 27, 29-30, 33, 37-39, 43-46, 47-53, 56, 58, 61, 69-71, 85, 93, 95-96, 107, 115, 118-120, 132-134; *ver também common law*; lei natural
leis criadas pelo homem, 16; *ver também* lei; lei natural
Levantes Jacobitas, 67
Leviatã (Hobbes), 16-17
Lewis, C. S., 79, 125
liberal, definição de, 90-91
liberalismo, definição de, 21, 102
liberdade, 14, 15, 18, 19, 20, 21, 22, 23, 24, 26, 27, 28, 30, 32, 33, 34, 36-39, 43, 45, 47, 49-54, 55, 57, 59, 64, 65, 69, 90, 74,

ÍNDICE

90, 94, 97, 107, 113, 114, 118, 120, 123, 124, 125, 126, 131, 133
liberdade de consciência, 129
liberdade de expressão, 61, 111
liberdade de imprensa, 61
liberdade de opinião, 133
liberdade individual, 14; *ver também* liberdade
liberdade religiosa, 134
libertarismo, 120, 126
Liberty, Equality, Fraternity (Stephen), 117
Life of Samuel Johnson (Boswell), 27
literatura, 7, 62, 63, 76-81, 85, 86-87, 89-90, 95, 104
livre associação, 14, 36, 53, 57, 60, 65, 90, 93, 97, 119, 120, 121; *ver também* associação civil; associação de empreendimento; associação política
Locke, John, 18-20, 21, 25, 27, 30, 32, 49, 86, 90-92
Lógica (Hegel), 72
Lorca, Federico García, 108
Losing Ground: American Social Policy 1950-1980 (Murray), 115
Luís Filipe (rei da França), 63
Luís XIV (rei da França), 19
Luta pelo mundo, A (Burnham), 101
Lutero, Martinho, 82

M

macartismo, 103
Madison, James, 31, 37
Mahler, Gustav, 8
Maistre, Joseph de, 20, 57-61, 66, 104
Maitland, F. W., 118-119
Managerial Revolution, The (Burnham), 101
Manent, Pierre, 130-132, 134

mão invisível, 35, 37, 45, 53, 56, 93, 94
Maomé, 12
Maquiavel, Nicolau, 17
Marcha de Radetzky, A (Roth), 89
Maritain, Jacques, 105
Maritain, Raïssa, 105
Marx, Karl, 10, 12, 49, 52, 56
marxismo, 9, 57, 97, 100-102, 104-105, 107, 118, 122, 127-129
Mason, George, 29
Massachusetts, 83
materialismo, 9, 73, 74, 77, 104, 111
Mauriac, François, 105
Memórias de além-túmulo (Chateaubriand), 62
Menger, Carl, 92
mercado livre, 31, 41, 56, 71, 91, 92-93
mercado negro, 94
Michelangelo, 79
migração em massa, 129
Mill, James, 69
Mill, John Stuart, 69, 72, 111
Milosz, Czeslaw, 103
Minogue, Kenneth, 114
minorias, direitos das, 65, 91
Mirage of Social Justice, The (Hayek), 94
Mises, Ludwig von, 41, 91
Modern Age (jornal), 125
monarquia absoluta, 17, 19; *ver também* monarquia
monarquia Bourbon, 58, 62
monarquia constitucional, 15
monarquia, 14-15, 17, 19, 23-25, 60, 66
monopólios, 36
Montesquieu, Charles-Louis de Secondat, barão de, 19-20, 30, 32, 90
Morris, William, 12
multiculturalismo, 128, 130
Mundo de ontem, O (Zweig), 89

Murray, Charles, 115
Musil, Robert, 89

N
"nação única", 76
nacionalidade, 44
nacionalismo, 44, 66, 81, 82, 106, 114; *ver também* patriotismo
nacionalismo romântico, 81, 82
não conformismo, 68
Napoleão Bonaparte, 50, 62, 66
Nash, George H., 121
National Review (revista), 121-123, 125
National Trust, 72, 83
Nationalism in Asia and Africa (Kedourie), 114
nazismo, 85, 97, 105, 109
neoconservadorismo, 86, 129
neogótico, 12, 62, 73, 83
neoliberalismo, 91, 127, 128
neomarxismo, 127-129
New Agrarian Mind: The Movement Toward Decentralist Thought in Twentieth-Century America, The (Carlson), 85
New Bearings in English Poetry (Leavis), 81
New Deal, 100-101
Nietzsche, Friedrich, 122
"nós", 12, 44
Notes on the State of Virginia (Jefferson), 22, 29
Notícias de lugar nenhum (Morris), 12
Nova Direita, 127, 128
Nova Esquerda, 127, 128
Nozick, Robert, 126

O
"O leão e o unicórnio: socialismo e o gênio inglês" (Orwell), 113
O'Connor, Flannery, 85
Oakeshott, Michael Joseph, 45, 92, 96-100, 105, 114
objetivismo, 122
obrigação não contratual, 47, 49, 53, 55; *ver também* famílias
Ockham, Guilherme de, 84
"Ode aos mortos confederados" (Tate), 84
Of the Laws of Ecclesiastical Polity (Hooker), 16
On Human Conduct (Oakeshott), 98
On the Constitution of the Church and State (Coleridge), 71
"On the Right" (Buckley), 123
ordem espontânea, 8, 94
Ortega y Gasset, José, 107-109, 115
Ortodoxia (Chesterton), 79
Orwell, George, 103, 112-114

P
pacto nazi-soviético (1939), 101
Paine, Thomas, 46
pais fundadores, 18, 20, 32, 123, 124
papado, 58, 62
parentesco 11-13
Parlamento, 15, 24, 56, 68, 76, 95, 96, 116
Partido Comunista, 55
Partido dos Trabalhadores Americanos, 100
patriotismo, 23, 104, 106, 112, 114, 115; *ver também* nacionalismo
Paulo VI (papa), 106
Pedras de Veneza, As (Ruskin), 72
Péguy, Charles, 104
pequenos pelotões, 40-41, 44-45, 48, 54, 65
pertencimento social, 11-13
Pintores modernos (Ruskin), 72

ÍNDICE

Platão, 85
pobreza, diminuição da, 71, 99
poder absoluto, 16
poder soberano, 11, 15, 16, 21, 56, 95; *ver também* monarquia; soberania
Política (Aristóteles), 9
Political Order of a Free People, The (Hayek), 94
politicamente correto, 111-113, 114-115, 120
políticas de livre mercado, 31
positivismo, 69
Poulenc, Francis, 105
preconceito, 42, 44
Primeira Guerra Mundial, 60, 77, 89, 99, 104; *ver também* Segunda Guerra Mundial
Príncipe, O (Maquiavel), 17
Princípios da filosofia do direito (Hegel), 52, 57, 59, 72
progresso, 35, 57, 69, 70, 74, 75, 80, 83, 111
propriedade privada, 18, 25, 26, 54, 56, 90, 106
protestantismo, 131
Prússia, 60
Publius, 31

Q
Quatro quartetos (Eliot), 78

R
Rand, Ayn, 121-123
Ransom, John Crowe, 83
Rationalism and Politics (Oakeshott), 96
Rawls, John, 126
Reagan, Ronald (presidente americano), 125, 127
Rebelião das massas, A (Ortega), 107, 108
Reflexões sobre a revolução na França (Burke), 38, 44, 45

reforma social, 70, 75
Reforma, 16
religião, 9
Religion and Public Doctrine in Modern England (Cowing), 116
Renascença, 14
representação, 68
responsabilidade, 33-34
ressurgimento católico, 60-61, 104, 132-133
ressurgimentos, 131
Revaluation (Leavis), 81
Revolução Americana (1765-1783), 7, 20, 24, 29, 36, 37, 61, 64; *ver também* Revolução Francesa, Revolução Gloriosa, Revolução Industrial, revolução, Revolução Russa
Revolução Francesa (1789), 7, 13, 15, 20, 21, 26, 29, 30, 32, 37-40, 44-46, 48, 50, 58, 59, 61-62, 63, 64, 65, 69, 90, 104-105, 131; *ver também* Revolução Americana; Revolução Gloriosa; Revolução Industrial; revolução; Revolução Russa
Revolução Gloriosa (1688), 7, 15, 23, 26; *ver também* Revolução Americana; Revolução Francesa; Revolução Industrial; revolução; Revolução Russa
Revolução Industrial, 35, 66, 69, 70, 80; *ver também* Revolução Americana; Revolução Francesa; Revolução Gloriosa; revolução; Revolução Russa
Revolução Russa (1917), 122; *ver também* Revolução Americana; Revolução Francesa; Revolução Gloriosa; revolução
revolução, 40, 50, 57, 62, 65, 82, 97; *ver também* Revolução Americana;

Revolução Francesa; Revolução Gloriosa; Revolução Industrial; Revolução Russa
revolução, teoria da, 97
Ridley, Jane, 118
Rilke, Rainer Maria, 8, 89
Roberts, Andrew, 118
Robespierre, Maximilien, 45
Roe v. Wade, 124
romantismo, 62, 63, 83
Roosevelt, Franklin Delano (presidente americano), 100, 102
Rosenkavalier, Der (Strauss), 76
Roth, Joseph, 89
Rouault, Georges, 105
Rousseau, Jean-Jacques, 25, 38, 43, 48, 49, 50, 54
Rules and Order (Hayek), 94
Ruskin, John, 8, 70, 72-83, 107
Russello, Gerald, 125-126

S
sabedoria coletiva, 39
Sacred Wood, The (Eliot), 79
Saint-Simon, Claude-Henri de Rouvroy, conde de, 69
Salisbury Review (revista), 128, 129
Sartre, Jean-Paul, 10
Schmitt, Carl, 85
Schumpeter, Joseph Alois, 128
Scrutiny (periódico), 80
Seeley, John Robert, 67
Segunda Guerra Mundial, 78, 91-92, 105, 111; *ver também* Primeira Guerra Mundial
Senado (EUA), 125
Servile Mind: How Democracy Erodes the Moral Life, The (Minogue), 114
Sesame and Lilies (Ruskin), 73

Sewanee Review (jornal), 84
Shakespeare, William, 79
Shaw, George Bernard, 79-80
Siedentop, Sir Larry, 14
simbolismo, 77
Situation de la France, La (Manent), 131
Smith, Adam, 32-37, 41, 45, 46, 56, 87, 90-92, 93, 94, 97
soberania popular, 70
soberania, 14-19, 20, 22, 29, 30, 37, 38, 44, 45, 47, 48, 54, 59, 60, 65, 66, 67, 70, 90, 91, 111, 114
socialismo utópico, 69
socialismo, 21, 66, 68, 73, 79-81, 86, 91, 95, 96, 99-101, 111, 112, 122, 123
sociedade agrária, 30, 31, 66, 70, 76, 83-85, 10-105, 106
sociedade civil, 19, 34, 36, 40-41, 53, 54-56, 68, 79, 83, 92, 98, 99, 115, 120
sociedade política, 11
sociedade religiosa, 11
sociedade sem classes, 101
sociedade tribal, 11
sociedade, definição de, 39
sociedade, tipos de, 11
Society for the Preservation of Ancient Buildings, 72
Spectator (jornal), 117
Stalin, Joseph, 100
Strauss, Leo, 85-87, 131
Strauss, Richard, 8, 76
straussiano, 85-87
Suicide of the West (Burnham), 101-102
Suprema Corte (EUA), 20, 123-125
Sybil, or The Two Nations (Disraeli), 76

T
Tate, Allen, 84, 85
taxação, 15, 38

Tempting of America, The (Bork), 124
Teoria da justiça, Uma (Rawls), 126
Teoria dos sentimentos morais (Smith), 33, 34, 37
Terror (França), 38, 48, 59
terrorismo islamista, 131-133
Thatcher, Margaret, 118, 127
Thibon, Gustave, 105, 106, 107, 109
Thoreau, Henry David, 83
Time (revista), 102
Tocqueville, Alexis de, 58, 63-66, 108, 120
Tolstoi, Leon, 79
tomada coletiva de decisões, 13, 14, 35
torismo, definição de, 23-24, 26, 27
totalitarismo, 48, 55, 96, 99, 102, 106, 112, 128
trabalho, divisão do, 35
"Tradição e talento individual" (Eliot), 79
tradição, 41-43, 44-46, 48
Tratado de União (1707), 67
Tratado de União (1800), 67, 68
tribunais, 23, 34, 38, 64, 95-96
Trotski, Leon, 100
Tullock, Gordon, 127
tutela, 39-40

U
Ulpiano, 95
ultramontanismo, 58, 60
Umma, 132
União Soviética, 55, 90, 100, 102, 103, 127
Universidade de Yale, 121

Unsettling of America: Culture and Agriculture, The (Berry), 85
urbanização, 84
utilitarismo, 26, 40, 60, 69-73, 74-77, 80
Utley, T. E., 117
utopia, 10, 12, 52, 69, 104, 107

V
vaabismo, 111, 132
vida ética, 49, 52
vida moral, 33
Virgínia, 83
Virtue of Selfishness, The (Rand), 122
"você", 51
"vontade geral", 43

W
Walden (Thoreau), 83
Warren, Robert Penn, 85
Waste Land, The (Eliot), 77-78
Weaver, Richard, 10, 84
Weil, Simone, 105-107, 109, 113
Welch, Colin, 118
Welty, Eudora, 85
West and The Rest, The (Scruton), 133
whig, definição de, 24
Who Are We? (Huntington), 130
William III (rei da Inglaterra), 15
Witness (Chambers), 103
Wordsworth, William, 81
Worsthorne, Sir Peregrine, 118

Z
Zweig, Stefan, 89

Este livro foi composto na tipografia
Palatino LT Std, em corpo 11/15, e impresso em
papel off-white no Sistema Digital Instant Duplex
da Divisão Gráfica da Distribuidora Record.